INHALT

ENTDECKEN SIE ANDALUSIEN!

Unsere Top 15 führen Sie an die traumhaftesten Orte und zu den spannendsten Sehenswürdigkeiten

Die Highlights sind in der Karte auf dem hinteren Umschlag eingetragen

 Semana Santa
Aufwändige Prozessionen: Niemand weiß seinen Glauben mit solcher Inbrunst zur Schau zu stellen wie die Andalusier während der Karwoche (Seite 22)

 Wallfahrt nach El Rocío
Hunderttausende fröhlicher Pilger sind zu Fuß oder zu Pferd mit Sherry und Gitarren unterwegs, um der Jungfrau vom Morgentau zu huldigen (Seite 23)

 Sierra de Aracena
Ein Naturpark für Hitzeflüchtlinge in Andalusiens Nordwesten – hier lustwandeln Sie unter Schatten spendenden Kork- und Steineichen (Seite 31)

 Mezquita
In der mehr als 1000 Jahre alten Moschee in Córdoba ist ein Wald aus steinernen Säulen zu bestaunen (Seite 36)

 Barrio Santa Cruz
Verwinkelte Gassen, gemütliche Bars, kleine Läden in Sevillas altem Judenviertel (Seite 42)

 Catedral und Giralda
Die größte gotische Kirche der Welt steht in Sevilla. Der berühmte Glockenturm, die Giralda, ist ein umgebautes Minarett (Seite 43)

 Reales Alcázares
Das schönste Beispiel des andalusischen Mudéjarstils: der Königspalast von Sevilla und seine Gärten (Seite 45)

> DIE BESTEN MARCO POLO HIGHLIGHTS

 Parque Natural Cabo de Gata
Hier zeigt sich die Mittelmeerküste noch ganz ohne Beton: tolle Strände in Vulkanlandschaft (Seite 58)

 Albaicín
Ein Gewirr von schmalen Straßen, weißen Häusern und üppigen Gärten – so präsentiert sich Granadas maurisches Viertel (Seite 62)

 Alhambra
Der märchenhafte Königspalast in Granada ist das bedeutendste Erbe der Mauren (Seite 63)

Alpujarras
Maurische Dörfer in der rauen Berglandschaft der Sierra Nevada (Seite 68)

 Baeza und Úbeda
Die beiden Kleinstädte im Nordosten Andalusiens sind Perlen der Renaissancearchitektur (Seite 71)

 Cádiz
Das Licht des Südens und der Geruch des Atlantiks in der ältesten Stadt Spaniens (Seite 73)

 Ronda
Eine romantische kleine Stadt, spektakulär auf einem 165 m hohen Felsplateau gelegen (Seite 91)

 Die Weißen Dörfer
Zauberhaft: Strahlend weiß sind die Häuser vieler andalusischer Dörfer gestrichen, um besser der Hitze zu widerstehen (Seite 97)

4 | 5

WAS FÜR EINE REGION!

Pilger vor der Kirche El Rocío

AUFTAKT

> Sonne und Meer, Stierkampf und Flamenco, stolze Menschen und maurische Pracht: So sehen wir Spanien. Dabei kommt all dies aus Andalusien, jenem Teil Europas, der Afrika am nächsten liegt. Fast 800 Jahre lang hat die arabische Kultur das Land geprägt und dabei Schätze hinterlassen wie die Alhambra in Granada und die Mezquita in Córdoba. Doch das Andalusien von heute ist kein Museum, es ist lebendiges Europa, mit vielen Licht- und einigen Schattenseiten. Als Reiseland ist Südspanien so vielfältig, dass jeder finden kann, was er sucht: Sand oder Schnee, Einsamkeit oder Trubel, Luxus pur oder einfaches Leben.

> Andalusien ist Spanien pur – mit all seinen Kontrasten und Klischees und mit all seiner Sinnlichkeit und Schönheit. Da sind die pueblos blancos, die weißen Dörfer, mit ihren engen, verwinkelten Gassen, die lauschigen Innenhöfe, in denen sich leise plätschernd die Zeit auflöst, Zitronen-, Orangen-, und Olivenbäume, die malerisch vor alten Gemäuern wachsen. Oder die wenig bekannten Renaissancestädte Úbeda und Baeza, die Naturparks, die schneebedeckte Sierra Nevada, Dünen- und Vulkanlandschaften und vor allem mehr als 800 km Küste, an der Sie mit bis zu 320 Sonnentagen pro Jahr rechnen können.

Alte Festungen erheben sich auf schroffen Felsen, prachtvolle Kirchen und Kathedralen erzählen von einer gemeinsamen islamisch-christlichen Vergangenheit. Schätze wie die Alhambra von Granada sind einzigartig auf der Welt. Dazu gibt es Sonne, Meer und Strände im Überfluss. Kein Wunder, dass die südlichste Region Spaniens eines der beliebtesten Reiseziele Europas ist. Die Faszination für Andalusien hat aber eine längere Geschichte als die des Massentourismus. Schon im 19. Jh. war man begeistert von der Exotik des Flamenco und der Kultur der Zigeuner, von den stolzen Posen der Toreros, von der maurischen Pracht oder den düsteren Ritualen der Semana Santa, der Osterwoche.

> Sonne, Meer und Strände im Überfluss

Andalusien-Klischees wie diese werden von den Reiseveranstaltern und Tourismusbehörden immer wieder aufgefrischt und propagiert. Das Schöne daran: Es handelt sich um echte Traditionen, die noch immer lebendig sind, die zum andalusischen

Einsamer Strand an der Costa de la Luz am Atlantik

Alltag gehören wie der Olivenbaum zur andalusischen Landschaft.

Andererseits sind die 8,1 Mio. Menschen, die auf einer Fläche von der Größe Portugals leben, längst im Europa des 21. Jhs. angekommen. Um der Region gerecht zu werden, muss man neben das Bild vom knorrigen Olivenbaum auch die endlosen, eintönigen Olivenbaumplantagen im Nordosten des Landes setzen. Und neben den maurischen Palästen und den berühmten weißen Dörfern gibt es eben auch die öden und gleichförmigen Wohnblocks und Ferienhaussiedlungen, die schon mehr als zwei Drittel der Küste pflastern. Der Immobilienboom etwa oder Bauern, die sich mit Zehntausenden von illegalen Brunnen ihr eigenes Wasser abgraben, sind wahrscheinlich eine größere Gefahr für die Zukunft der Region als der drohende Klimawandel.

Das Besondere und Einzigartige der andalusischen Kultur und Lebensart erklärt sich durch seine Geschichte. Iberer, Griechen, Römer und Goten spielen darin eine Rolle. Vor allem aber die Eroberer aus Nordafrika, die Mauren, die 711 unter Tariq Ibn Ziyad über die Meerenge kamen und die Iberische Halbinsel innerhalb von nur acht Jahren fast vollständig eroberten. Nirgendwo sonst in Spanien lassen sich die Spuren arabischer Kultur besser verfolgen als in Andalusien. Vieles ist über die Jahrhunderte erhalten geblieben. Allen voran die Alhambra, die den Schluss- und

> *800 Jahre arabischer Kultur haben ihre Spuren hinterlassen*

Höhepunkt der arabischen Kultur in Westeuropa darstellt. Oder die Mezquita von Córdoba, die riesige Moschee der einstigen Kalifenstadt. Anderen Bauwerken sieht man ihre Vergangenheit erst auf den zweiten Blick an: Die Giralda, der mächtige Glockenturm der Kathedrale von Sevilla, war ursprünglich ein Minarett.

Auch nach der Rückeroberung 1492 durch die Katholischen Könige Isabella und Ferdinand lebte die arabische Kultur fort: in der Landwirtschaft, der Musik, dem Kunsthandwerk und vor allem in der Baukunst. Der bis ins 20. Jh. populäre Mudéjar-Stil mit seiner dekorativen Verwendung des Backsteins und farbiger Kacheln, wie man ihn besonders eindrucksvoll an der Plaza España in Sevilla sehen kann, ist unverkennbar orientalischen Ursprungs.

WAS WAR WANN?

Geschichtstabelle

Ab 2500 v. Chr. Megalithkultur

1100 v. Chr. Cádiz, Spaniens älteste Stadt, wird von Phöniziern gegründet

206 v. Chr. Beginn der römischen Herrschaft

409 n. Chr. Westgoten dringen auf die Iberische Halbinsel vor

711 Tarik landet bei Gibraltar und leitet die arabische Eroberung der Iberischen Halbinsel ein

1492 Isabella von Kastilien und Ferdinand von Aragón erobern Granada. Vertreibung der Juden und Moslems. Kolumbus landet in Amerika

1516 Karl V. ist erster Herrscher der Habsburgerdynastie in Spanien

1714 Die Bourbonen erringen den spanischen Thron. Gibraltar wird britisch

1805 Seeschlacht am Kap von Trafalgar

1808–14 Unabhängigkeitskrieg gegen Napoleon

1936 General Franco löst den Spanischen Bürgerkrieg aus und errichtet nach seinem Sieg 1939 ein autoritäres Regime

1975 Franco stirbt. Juan Carlos I. wird König. Übergang zur Demokratie

1981 Andalusien erhält Autonomiestatus mit Regionalregierung

1986 Beitritt Spaniens zur EG

2004 Spanischer Wahlsieger: der Sozialist José Luis Rodriguez Zapatero. Wiederwahl des Sozialisten Manuel Chaves zum andalusischen Ministerpräsidenten

2009 José Antonio Griñán (PSOE) wird neuer Ministerpräsident von Andalusien

Umso erstaunlicher, dass Spanien viele Jahrhunderte lang nichts von dieser Vergangenheit wissen wollte. Man tat sie ab als eine unbedeutende, weil unchristliche Episode. Das ist heute anders. Man ist stolz auf die Schätze einer christlich-muslimischen Vergangenheit. Was jedoch nicht bedeutet, dass Muslime in der Mezquita von Córdoba ein traditionelles Freitagsgebet abhalten dürfen. Auf staatlicher und kirchlicher Ebene bleibt man zurückhaltend, nicht zuletzt, weil in radikal-islamischen Kreisen immer wieder Forderungen von einer neuerlichen Herrschaft in Al Andalus formuliert werden.

Die Geschichte bleibt eben nicht stehen. Vor allem nicht in den großen Städten Granada, Sevilla und Córdoba. Am deutlichsten sieht man die Entwicklung in der Landeshauptstadt Sevilla. In den letzten Jahren hat sich in der Stadt am Guadalquivir eine lebendige Szene etabliert, die mit jungen und ungewöhnlichen Modeläden, Bars und Restaurants und überhaupt mit einer lebendigen Jugendkultur an die Aufbruchzeiten von Barcelona in den 90er-Jahren erinnert. Das traditionelle Sevilla mit seinen Bruderschaften, der Marienverehrung und der Feria de Abril bleibt davon unberührt. Andalusien ist auch wegen dieser Gleichzeitigkeit von Lebensstilen so spannend. Auch Cádiz und vor allem Málaga und Córdoba haben deutlich an Attraktivität gewonnen. Spaniens Wirtschaft boomt. Und mit den zusätzlichen Geldern aus Brüssel lassen sich Baudenkmäler restaurieren, Hafengebiete in lebenswerte Stadtteile verwandeln, neue Strecken für den Hochgeschwindigkeitszug AVE oder eine Metro für Sevilla bauen. Neben dem Geld ist es aber auch ein neues Selbstwertgefühl, das Spanien insgesamt motiviert und in Bereichen wie der Architektur oder der Gastronomie zu Höchstleistungen anspornt. Wer also glaubt, der Südwesten Europas wäre eine rückständige Pro-

> **Mit großen Schritten in die Zukunft**

vinz, wo die Bauern noch auf Maultieren reiten, liegt ganz falsch.

Andalusien ist ein Bilderbuch der Landschaften. Dünengebiete am Atlantik, Kork- und Steineichenwälder im fast touristenfreien Nordwesten, wunderbare Gebirgslandschaften in der Sierra de Grazalema, Halbwüstengebiete bei Almería oder die Olivenölplantagen bei Jaén – eine Reise durch Südspanien ist auch ein Fest für die Augen. Wer es aktiver angehen möchte, findet gute Bedingungen zum Reiten, Segeln, Surfen oder Golfen. Der beliebte Strandtourismus an der Costa del Sol ist längst nicht mehr alles. Auch Fahrradfahren wird trotz der hohen Temperaturen im Sommer immer beliebter, z. B. auf einer ehemaligen Bahnstrecke durch die Olivenbaumlandschaft des Nordens oder auf einer der Kulturrouten, die das maurische Erbe der Kalifen, der Nasriden oder der Almoraviden verbinden. Es gibt Tausend und eine Möglichkeit, den einzigartigen Süden Spaniens zu erleben. ¡Bienvenido al Andalucía!

Treffpunkt mit Tradition: die Confitería Campana in Sevilla

▶▶ TREND GUIDE ANDALUSIEN

Die heißesten Entdeckungen und Hotspots! Unser Szene-Scout zeigt Ihnen, was angesagt ist

José Luis Flores

kam vor einigen Jahren nach Granada und blieb. Der Besitzer einer Galerie und eines Tattoostudios verliebte sich sofort in die Stadt. Auf der Suche nach den neuesten Trends bummelt er am liebsten durch die angesagten Cafés und Clubs. Wenn er vom Trubel eine Pause braucht, zieht es ihn in die Natur. Der Blick auf die schneebedeckten Gipfel der Sierra Nevada, verrät er, wird für ihn nie an Reiz verlieren.

▶▶ STRANDPARADIES

Design und Luxus im Sand

Die Zeiten, da man sich mit Handtuch und Sonnencreme in den Sand legte, sind vorbei. Bei Strandgängern ist nun Allroundservice mit VIP-Ambiente angesagt. Wie Im *La Cabane,* wo Sonnenanbeter in weichen Himmelbetten entspannen und im Designpool schwimmen – natürlich mit Blick aufs Meer *(Hotel Los Monteros, Ctra. de Cádiz, km 187, Marbella, www.monteros.com).* Weiße Designerliegen, Yogaunterricht und Kaviarhäppchen am Pool schaffen das Rahmenprogramm für einen hollywoodreifen Aufenthalt im *Puro Beach (Laguna Village, Playa el Padrón, Ctra. de Cádiz, km 159,*

Marbella, www.purobeach.com, Foto). Nicht weniger exklusiv ist das Verwöhnprogramm im *Ocean Club* Marbella: ein Glas Champagner, ein Happen Hummer und anschließend auf den runden Liegen mit dem internationalen Jetset plaudern – das Leben kann so schön sein *(Av. Lola Flores, s/n, Marbella, www.oceanclub.es)*

SZENE

▶▶ SCHÜTZEN & HELFEN

Tierschutz im Fokus

An Spaniens südlichster Küste macht man sich für den guten Zweck stark, und immer mehr Organisationen kämpfen für den Schutz der Tiere. Die Mitarbeiter im *Centro de Recuperacion de Especies Marinas Amenazadas*, kurz *C.R.E.M.A.*, helfen gestrandeten Meerestieren auf ihrem Weg zurück in den Ozean *(Aula del Mar, Málaga, www.auladelmar.info)*. Zwitschernde Artgenossen sind bei der *Asociación Pro Dunas* willkommen. Der Verein setzt sich dafür ein, dass die jährliche Vogeljagd mit Netzen endgültig verboten wird *(Bahía de Marbella, Playa la Adelfa, www.produnas.org)*. Im *Nerja Donkey Sanctuary* finden geplagte und misshandelte Esel ihre wohlverdiente Ruhe. Um den Gnadenhof zu unterstützen, können Sie Eselpatenschaften übernehmen oder vor Ort mithelfen *(Apartado de Correos 414, Nerja, www.nerjadonkeysanctuary.com, Foto)*

▶▶ FUNSPORT

Action für Alleskönner

Für diesen Sport sollte man fit sein: Bossaball ist ein wilder Mix aus Volleyball, Fußball und Capoeira und wird auf einem aufblasbaren Spielfeld, das einem Trampolin ähnelt, gespielt. Der Clou: Das Spiel trainiert den ganzen Körper, fördert die Ausdauer und bringt vor allem jede Menge Spaß. Vor kurzem hat in Marbella Spaniens erster Bossaball Club eröffnet *(Albergue Juvenil Fuerte de Nagüeles, Pinar de Nagüeles, s/n)*, in dem sich die Spieler für die Turniere im *Centro Comercial Parque Miramar (Avenida de la Encarnación, s/n, Málaga, www.parquemiramar.com)* oder am Strand von San Pedro de Alcántara fit machen. Infos und Termine rund um den Funsport gibt's unter *www.bossaball.com* (Foto).

▶▶ HÖHENFLUG

Kräftemessen der Kiter

Die Wellen von Tarifa sind der ideale Spielplatz
für Kiter. Immerhin locken der *Red Bull Skyride*
und die Meisterschaft *Tarifa Kite Pro (Playa los
Lances, www.prokitetour.com)* jedes Jahr zahl-
reiche Kitefans an die Küste, wo sie spektakuläre Stunts und schnelle Rennen hautnah mit-
erleben können. Der Sport ist auch für Anfänger geeignet, die in der Kiteschule *Hotstick
Tarifa (Batalla del Salado, 41, www.hotsticktarifa.com,* Foto*)* oder bei *Bull Kites* lernen, mit
Drachen und Board die Wellen zu bezwingen *(C/Numancia, 3, www.bullkites.com)*.

▶▶ HIP HOP HURRA

Entspannter Sound

Spanischer Sprechgesang erobert den Süden. Die Folge: relaxte
Beats und ansprechende Texte. Die zwei MCs von *Acrónimo* leben
in Málaga, und ihr melodiöser Rap klingt nach Strand und Sonne
(www.myspace.com/acronimo). Der Sound der Combo *La Nueva
Era* aus Sevilla hört sich mehr nach Großstadt an *(www.my
space.com/nuevaeracrew)* und ist u. a. im *Sala Micro Libre* zu hö-
ren *(C/Herramientas, 35, Polígono Navisa, Sevilla)*. In Málaga
zieht es Hip-Hop-Fans in den Musikclub *Sala Vivero*. Wenn der DJ seine Platten zückt, spürt
man hier die geballte Beat-Power *(C/Parauta, 25, Málaga, www.salavivero.com)*.

▶▶ FLAMENCO-FASHION

Leidenschaft auf dem Laufsteg

Eine neue Welle der Flamencomode schlägt in Andalusien hoch.
Bunte Stoffe, Stickereien und Volants – der moderne Flamenco-
Look sticht ins Auge und verlangt nach selbstbewussten Frauen.
Der Designer Pol Núñez interpretiert den Look sehr sexy: Seine
Kleider sind figurbetont geschnitten und setzen vor allem die
Beine in Szene *(Antonia Díaz, 31, Sevilla, www.paulnunez.com)*.
Das Label *Charfal* bringt Lässigkeit ins Spiel. Die Kleidchen sind ein
Mix aus Girlie-Look und Street-Style *(Av. de Castilleja 14 nave, 1, Sevilla, www.char
fal.com)*. Designtalente wie Juana Martín präsentieren ihre Entwürfe auf der jährlichen
International Flamenco Fashion Show in Sevilla *(C/Don Rodrigo, 12, Córdoba)*.

▶▶ ZEICHENKUNST

Surreales trifft auf Pop-Art

Warhol und Dalí scheinen die Vorbilder der jungen Künstler zu sein. Die Portraits der Malerin Lara Kaló aus Granada sind farbenprächtig und plakativ. *(www.myspace.com/larakalo)*. Ihr Kollege Angel Perdomo entspringt zwar auch Granadas Kunstszene, seine Werke erinnern an surreale Traumzeichnungen *(www.myspace.com/angelperdomo_arte, Foto)*. Gefördert werden die talentierten Maler von der Galerie *Estudio de Tatuajes y Piercing Pupa Tattoo Art Gallery*, die in regelmäßigen Abständen Werke von Lara, Angel und anderen Newcomern zeigt *(C/Molinos, 15, Zona Realejo, Granada, www.pupatattooartgallery.blogspot.com)*. Auch die *Montana Shop & Gallery Pintura* macht moderne Kunstformen wie Graffiti, Installationen und Videoart einem breiten Publikum zugänglich *(C/Doña María Coronel, 32, Sevilla, www.montanasevilla.com)*. Am Puls der Zeit: die Blogger von *Underground Art Granada (www.granadablogs.com/subcultura)*.

▶▶ ORIENTALISCHES DESIGN

Märchenhafte Architektur

Von Andalusien ins Land von 1001 Nacht ist es nur ein Katzensprung. Jetzt erinnern sich die Bauherren wieder an ihr maurisches Erbe und lassen märchenhafte Hamampaläste entstehen, wie die *Baños Arabes* in Granada. Steinsäulen, gezackte Rundbögen, Mosaike und blau leuchtendes Wasser – das edle Bad entführt die Besucher in Sekundenschnelle in den Orient *(C/Santa Ana, 16, www.hammamspain.com)*. Im *Aire de Sevilla* spiegeln sich tiefrote Wände in den gemauerten Wasserbecken. Nach dem Bad dinieren die Gäste auf der Dachterrasse à la Marrakesch *(C/Aire, 15, www.airedesevilla.com)*. Klein aber fein: das *El Hammam* in Málaga *(C/Tomás de Cózar, 13, www.elhammam.com)* und das *El Pequeño* in Andujar/Jaén *(C/Alhóndiga, 3, Andújar, Jaén)*.

> FLAMENCO, STIERKAMPF, PICASSO & CO

Andalusischer Steckbrief: Anmerkungen zu Gesellschaft, Kultur und Politik

FLAMENCO

Ein lang gezogenes *Aaayyy* stimmt ein auf das Klagelied über die untreue Geliebte oder den gestorbenen Bruder. Nicht die Schönheit der Stimme überzeugt die Zuhörer, sondern ihre Ausdruckskraft, die emotionale Tiefe *(jondura)*. Wie in Trance sitzt der Sänger oder die Sängerin kerzengerade auf einem Stuhl, angefeuert von den bewundernden *¡Olés!*
aus dem Publikum. Klatschende Hände, die *palmas* (d.h.: Handflächen), unterstützen mit komplizierten Rhythmen den Gesang. Rund 40 unterschiedliche Stile hat der Flamenco, von der schwermütigen *siguiriya* bis zu den populären *fandangos*. Die Frühzeit des Flamencos beginnt in der zweiten Hälfte des 18. Jhs. in Cádiz, Jerez de la Frontera und dem Sevillaner Viertel Triana. Der Flamenco wurzelt in der Musik

> www.marcopolo.de/andalusien

STICH WORTE

der Zigeuner und der andalusischen Volksmusik. Seine Hochzeit erlebt er zwischen 1860 und 1910. Schon damals erwies sich der zur Musik aufgeführte Tanz als die größte Attraktion fürs breite Publikum. Auch die Gitarrenbegleitung setzte sich durch.

Die meisten *flamencos* sind Zigeuner, und viele sind überzeugt, dass ein *payo* (Nicht-Zigeuner) niemals ihre künstlerische Tiefe erreichen kann. Der Flamenco, der auf den Bühnen der Touristen-*tablaos* präsentiert wird, beschränkt sich meist auf die fröhliche Seite der Musik und stellt den Tanz heraus. Das Programm ist damit nicht grundsätzlich von minderer Qualität. Wen Sie dort allerdings nicht antreffen werden, ist der *duende* (Kobold), der geheime Magier des Flamencos, der den Funken der Emotion vom Künstler auf die Zuschauer überspringen lässt *(Info und Termine: www.andaluciaflamenco.org)*.

GARCÍA LORCA

Federico García Lorca (1898 bis 1936) ist der größte spanische Poet und Theaterdichter („Bluthochzeit") des 20. Jhs. Als Student in Madrid freundete er sich mit Salvador Dalí und Luis Buñuel an, blieb aber seiner andalusischen Heimat verbunden. Geboren in Fuente Vaqueros bei Granada, wurde er kurz nach Beginn des Spanischen Bürgerkriegs 1936 von Mitgliedern der francotreuen Falange erschossen. Wichtiger Grund ihres Hasses war Lorcas Homosexualität.

GUARDIA CIVIL

Das Bild des wichtigtuerischen Guardia-Civil-Polizisten unterm lackglänzenden Dreieckshut gehört zum Spanienklischee wie Stierkampf und Flamenco. 1844 gegründet, war die Guardia Civil zunächst eine Landpolizei, die besonders in Andalusien Großgrundbesitzer gegen Banditen verteidigte. Schlechten Ruf erwarb sie sich in der Franco-Zeit als Teil des Unterdrückungsapparats. Die demokratisch gewählten Politiker lösten die Guardia Civil nicht auf, sondern bewahrten sie als kasernierte Polizeieinheit, die unter anderem für den Antiterrorkampf und die Grenzsicherung zuständig ist. Als Besucher werden Sie mit den Beamten in Grün vielleicht auf der Autobahn zu tun bekommen: In ihrer Hand liegt die Verkehrsüberwachung der Fernstraßen.

KOLUMBUS

Nur ein Besessener konnte im 15. Jh. auf die Idee kommen, von Europa aus gen Westen in See zu stechen, um einen Weg nach Osten, nach Indien, zu finden. Christoph Kolumbus, den die Spanier Cristóbal Colón nennen, geboren um 1451 in Genua, war davon überzeugt, dass die Erde eine

Nachbauten der Kolumbus-Schiffe liegen bei La Rábida am Ufer des Río Tinto

Kugel wäre. Zunächst versuchte er,
das portugiesische Königshaus von
seinem Plan zu überzeugen, doch er
fand kein Gehör. Erst die spanische
Königin Isabella erlag den Überre-
dungskünsten des Kartografen und
Seefahrers und ließ Kolumbus mit
drei kleinen Schiffen ausstatten. Die
Abenteurer legten am 3. August 1492
vom Hafen des andalusischen Städt-
chens Palos de la Frontera ab und er-
blickten am 12. Oktober erstmals
Land: Sie hatten, ohne es zu ahnen,
Amerika entdeckt. Das war der
Grundstein für den Aufschwung Spaniens zur Weltmacht des 16. Jhs.

Als Postkarte erschwinglich: ein Picasso

MIGRATION

Hunderttausende von Andalusiern
zogen in den 1960er- und frühen
70er-Jahren fort aus ihrer Heimat:
auf der Suche nach einem besseren
Leben im Norden Spaniens oder in
der Schweiz, Deutschland, Frankreich. Seit mit der Demokratie soziale Sicherheit in Spanien eingezogen
ist, zwingt die Not niemanden mehr
zum Auswandern. Auf einmal ist Andalusien selbst gelobtes Land für Im-
migranten, Afrikas Tor zu Europa.
Immer wieder landen an den Stränden der Straße von Gibraltar *pateras,*
leichte Boote, voll besetzt mit jungen
Männern – manchmal auch Frauen –,
die versuchen, ohne Papiere in Spanien zu überleben. Ihnen wird Arbeit
angeboten, die den Einheimischen zu
hart und zu schlecht bezahlt ist.

PICASSO

Pablo Ruiz Picasso (1881–1973), das
Malgenie des 20. Jhs., stammte aus

Málaga, verbrachte dort aber nur wenige Jahre seiner Kindheit. In der
Hauptstadt der Costa del Sol sind
sein Geburtshaus und seit Ende 2003
auch ein Museum mit einigen beein-
druckenden Werken zu besichtigen.

ROMA

Über die Zahl der *gitanos* im Land
kann nur spekuliert werden: Die zu-
verlässigsten Schätzungen kommen
auf 650 000 bis 700 000, also rund
2 Prozent der spanischen Bevölke-
rung. In Andalusien, wo die ersten
Zigeuner im 15. Jh. sesshaft wurden,
leben ca. 300 000. Doch sie sind ein
Volk im Volke geblieben. Nicht Inte-
gration ist ihr Ziel, sondern das Be-
wahren der kulturellen Eigenständig-
keit. *Gitanos* und *payos* (Nicht-Zigeuner) leben Rücken an Rücken,
ohne Verständnis für die Lebens-
weise des anderen. Die Umfragen sagen, dass die Spanier niemanden so
heftig ablehnen wie die Zigeuner,
ihre fremden Landsleute. Doch die

andalusischen Zigeuner haben ihren Teil zur spanischen Kultur beigesteuert: den Flamenco, den sie mit den Nicht-Zigeunern teilen. Ein Berührungspunkt immerhin.

Noch immer ist die Kindersterblichkeit bei den *gitanos* hoch, ihre Lebenserwartung niedrig, ihr Aufenthalt in Schulen besonders kurz. Seit

Stierkämpfer warten auf ihren Einsatz

1999 existiert *Kamira,* der Verband der spanischen Zigeunerfrauen. Ihr Ziel: „Berufliche Qualifikation und soziale Teilhabe verbessern, ohne die Traditionen der Zigeunerkultur zu verlieren". Eine Herausforderung für die gesamte Gesellschaft.

STIERKAMPF

Die *corrida* beginnt am Spätnachmittag. Drei Matadore werden sich im Laufe des Abends je zwei Stieren entgegenstellen und sie am Ende mit einem Degenstoß zwischen die Schulterblätter erstechen. Eine *corrida* ist kein Kampf, sondern ritualisiertes Töten. Nach einer glücklichen Jugend auf endlosen Weiden wird der Stier *(toro)* in die Arena entlassen, ohne für diesen Moment trainiert worden zu sein. Seine Ahnungslosigkeit und Kampfeslust machen ihn zum attraktiven Opfer. Der Matador und seine Helfer, die *cuadrilla,* reizen das Tier mit ihren *capas* in Gelb und Rosa. Für die Farben ist der Stier blind; in Wallung bringen ihn die Bewegungen. Ermüdet von seinen folgenlosen Stößen in die Tücher, muss der Stier die nächste Prüfung ertragen. Der *picador* reitet herein, eine Lanze in der Hand, die er dem Stier in den Nacken bohrt. Das Pferd ist gegen die Stöße des Stiers mit einem gepolsterten Umhang geschützt, das rechte Bein des *picador* mit einer Metallschiene. Dann jagen zwei aus der *cuadrilla* des Matadors dem Tier sechs *banderillas* in den Nacken, bunt geschmückte Holzstäbe mit Widerhaken, die ihm während des restlichen Kampfes bei jeder Bewegung Schmerz bereiten. Der letzte Akt beginnt. Der Matador (von *matar* = töten) stellt sich dem Stier allein entgegen, bewaffnet mit Degen und *muleta,* dem roten Tuch. Die Kunst des Matadors besteht darin, die lebensgefährlichen Hörner so nah wie möglich an sich vorbeizuführen und dabei eine gute Figur zu machen.

❯ *www.marcopolo.de/andalusien*

Schließlich stellt er sich vor den Stier und sticht zu. Im besten Fall steht das Tier noch einen Moment still da, um dann tot zusammenzubrechen.

Den spanischen Gegnern der *corrida* geht es gehörig auf die Nerven, dass Ausländer bei Spanien sofort an Stierkampf denken. Allerdings ist es ihnen auch nie gelungen, eine schlagkräftige Opposition gegen das Stiereтöten zu formieren. Auf politischer Ebene wird höchstens einmal lustlos diskutiert, ob Minderjährige in den Arenen zugelassen werden sollten.

TORO DE OSBORNE

Schon von Ferne fällt Autofahrern auf Landstraßen die Silhouette eines Stiers auf. Die 12 m hohe Figur macht seit 1957 Werbung für den Sherry- und Brandyproduzenten Osborne aus El Puerto de Santa María. Doch der Reklamestier ist schon lange mehr als das: ein Symbol Spaniens schlechthin. Als 1989 ein Gesetz in Kraft trat, das Werbung an den Landstraßen verbot, entfernte Osborne den Schriftzug, aber nicht den Stier. Dafür bekam das Unternehmen 1994 ein Bußgeld aufgebrummt. Nach dem Protest Tausender Spanier erklärte das Parlament, der Stier sei Teil des kulturellen Erbes des Landes und dürfe deswegen stehen bleiben.

VELÁZQUEZ

Der in Sevilla geborene Diego Rodríguez de Silva y Velázquez (1599 bis 1660) gilt manchen als der größte Maler aller Zeiten. Sein berühmtestes Werk, „Las Meninas", hängt im Madrider Prado. Bedeutende Sevillaner Zeitgenossen sind Francisco de Zurbarán (1598–1664), Bartolomé Esteban Murillo (1618–82) und Juan de Valdés Leal (1622–90).

> DAS KLIMA IM BLICK
Handeln statt reden

Reisen bereichert und verbindet Menschen und Kulturen. Jedoch: Wer reist, erzeugt auch CO_2. Dabei trägt der Flugverkehr mit bis zu 10 % zur globalen Erwärmung bei. Wer das Klima schützen will, sollte sich somit nach Möglichkeit für die schonendere Reiseform (wie z.B. die Bahn) entscheiden. Wenn keine Alternative zum Fliegen besteht, so kann man mit *atmosfair* handeln und klimafördernde Projekte unterstützen.

atmosfair ist eine gemeinnützige Klimaschutzorganisation.

Die Idee: Flugpassagiere spenden einen kilometerabhängigen Beitrag für die von ihnen verursachten Emissionen und finanzieren damit Projekte in Entwicklungsländern, die dort helfen, den Ausstoß von Klimagasen zu verringern. Dazu berechnet man mit dem Emissionsrechner auf *www.atmosfair.de*, wie viel CO_2 der Flug produziert und was es kostet, eine vergleichbare Menge Klimagase einzusparen (z.B. Berlin–London–Berlin: ca. 13 Euro). *atmosfair* garantiert, unter der Schirmherrschaft von Klaus Töpfer, die sorgfältige Verwendung Ihres Beitrags. Auch der MairDumont Verlag fliegt mit *atmosfair*.

Unterstützen auch Sie den Klimaschutz: *www.atmosfair.de*

DAS LEBEN IST SCHÖN ...

Religiöse oder weltliche Feste –
die Andalusier feiern vor allem sich selbst

> Die berühmtesten Feste Andalusiens sind religiöse Feste. Wer die Semana Santa oder den frühen Pfingstmontagmorgen in El Rocío erlebt hat, der wird von der tiefen Frömmigkeit der Andalusier überzeugt sein. Doch wer vermag schon spontane Ergriffenheit von echter Religiosität zu unterscheiden? Mehr als die Jungfrau Maria oder den Sohn Gottes feiern die Andalusier das Leben. Jedes Fest ist eine Gelegenheit, die feinen Sachen aus dem Schrank zu holen, die Frisur zu ordnen (oder mit Gel in Form zu legen) und die Schuhe blank zu wienern.

◼ FEIERTAGE

1. Jan. *Año Nuevo* (Neujahr); **6. Jan.** *Reyes* (Hl. Drei Könige); **28. Feb.** *Día de Andalucía* (Andalusientag); *Jueves Santo* (Gründonnerstag); *Viernes Santo* (Karfreitag); **1. Mai** *Día del Trabajo* (Tag der Arbeit); **15. Aug.** *Asunción* (Mariä Himmelfahrt); **12. Okt.** *Día de la Hispanidad* (Kolumbus' Landung in Amerika); **1. Nov.** *Todos los Santos* (Allerheiligen); **6. Dez.** *Día de la Constitución* (Tag der

Verfassung); **8. Dez.** *Inmaculada Concepción* (Mariä Empfängnis); **25. Dez.** *Navidad* (Weihnachten)

◼ FESTE

Februar
Der *Karneval von Cádiz* ist der berühmteste auf dem spanischen Festland und dauert bis zum Sonntag nach Aschermittwoch. *www.carnavaldecadiz.com*

Ende Februar/Anfang März
Festival de Jerez: zweiwöchiges Flamencofestival mit den bedeutendsten Künstlern. *www.festivaldejerez.es*

Inside
Tipp

März/April
Die ★ *Semana Santa* (Karwoche) wird in Andalusien mit großartigen Prozessionen gefeiert. Die berühmteste und prächtigste ist die von Sevilla. Auch Granada, Córdoba, Málaga oder Jaén lohnen den Besuch. Höhepunkt der Woche: die Nacht auf Karfreitag.
★ *Feria de Abril:* Der einwöchige Sevillaner „Aprilmarkt" acht Tage nach

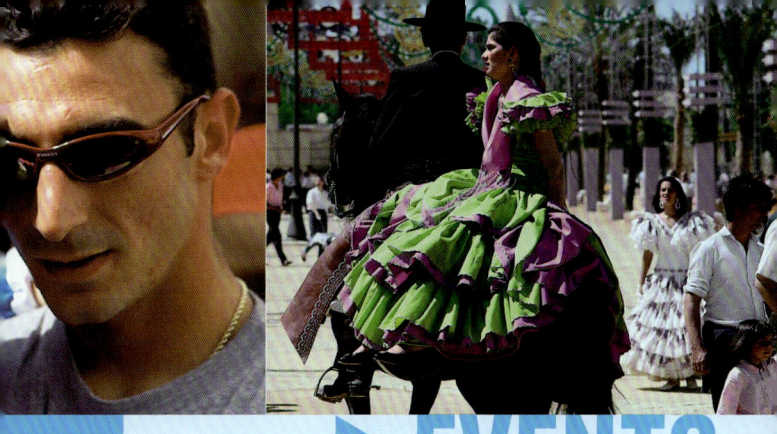

> EVENTS
FESTE & MEHR

Ostern ist das größte Volksfest Andalusiens. Die Straßen füllen sich mit Kutschen, eleganten Reitern und Frauen in Bilderbuchkostümen.
Festival de Cine Español de Málaga: das große Festival des spanischen Films. *www.festcinemalaga.com*

Mai
▶▶ *Der Große Preis von Spanien:* Das Motorradrennen in Jerez ist Treffpunkt für Biker – Riesenparty mit Rahmenprogramm. *www.circuitodejerez.com*
Feria del Caballo: Der Pferdemarkt von Jerez ist das größte Volksfest der Stadt.
Festival de los Patios Cordobeses: Wettbewerb um den schönsten Patio Córdobas

Insider Tipp

Pfingsten
⭐ *Wallfahrt nach El Rocío:* Hunderttausende pilgern u. a. mit Pferden nach El Rocío zur Jungfrau vom Morgentau

Ende Juni/Anfang Juli
⭐ *Festival Internacional de Música y Danza de Granada:* das bedeutendste spanische Festival für klassische bis zeitgenössische Musik und Ballett in historischen Winkeln Granadas. *www.granada festival.org*

Juli
Festival de la Cueva: Ballett, Oper, Konzerte Ende Juli in der Tropfsteinhöhle von Nerja. *www.cuevadenerja.es*

August
Carreras de Caballo de Sanlúcar de Barrameda: Pferderennen auf dem sandigen Uferstreifen des Guadalquivir. *www.carrerassanlucar.com*

Insider Tipp

Anfang September
Feria de Pedro Romero: Stierkampffest in Ronda u. a. mit einer Corrida Goyesca – Stierkampf wie zu Goyas Zeiten. *www.turismoderonda.es*

November
Festival de Jazz de Granada: eines der bedeutenden europäischen Jazzfestivals. *www.jazzgranada.es*

> www.marcopolo.de/andalusien

> TEMPEL UND TAVERNEN

Ob Tapas oder Fisch, Schinken oder Oliven, Wein oder Sherry –
auf das Essen in Andalusien dürfen Sie sich freuen

> Der Tag beginnt grausam für einen andalusischen Magen. Schwarzer, wirklich schwarzer Kaffee ergießt sich in sein nüchternes Inneres, im besten Falle begleitet von einem *bollo*, einem süßen Gebäckstück, vielleicht aber auch nur von zwei Keksen. Und ziemlich sicher erdulden die Lungen dazu den Rauch der ersten Zigarette. Das Frühstück muss in einer anderen Weltgegend erfunden worden sein. Die gute Nachricht: Spanischer Kaffee, zubereitet nach Art des italienischen Espressos, gilt bei Liebhabern als der beste Europas. Glücklicherweise gibt es in jeder Cafeteria auch frisch gepressten Orangensaft *(zumo de naranja natural)*. Zum klassischen Frühstücksangebot gehören außerdem die *tostada* (kleines getoastetes Weißbrot, mit Olivenöl oder mit Butter und Marmelade) oder das *cruasán* (das spanische Croissant).

Gegen 11 Uhr vormittags verlassen die Andalusier ihre Büros fürs

ESSEN & TRINKEN

zweite Frühstück. Das ähnelt zwar im Prinzip dem ersten, doch mancher bestellt auch schon ein kleines Bier und nimmt dazu eine *tapa,* eine herzhafte Kleinigkeit als Snack. In vielen andalusischen Bars, die meist eine Mischung aus Kneipe und Cafeteria sind, gibt's eine Tapa gratis zu jedem alkoholischen Getränk. Wenn Sie mehr bestellen wollen, zeigen Sie einfach auf das Angebot unter der Glasvitrine auf dem Tresen und bit-

ten um *una tapa de esto* – eine Tapa von dem hier.

Was die Bars und Restaurants als Tapas *(tapa* bezeichnet die Menge, nicht die Art des Essens) im Angebot haben, können Sie auch als *ración* (Portion) für mehrere Personen bestellen. Wenn Sie allein unterwegs sind, reicht eine halbe Portion *(media ración)* zum Sattwerden. Wer beim Schwimmen im Meer Hunger bekommt, geht zum nächsten *chirin-*

guito, einem Strandimbiss mit Tapas und *raciones*.

Zeit zum Mittagessen ist zwischen 14 und 16.30 Uhr. Überall in Andalusien bieten Restaurants Mittagsmenüs *(menú del día)* ab 8 Euro an. Dafür haben Sie die Wahl zwischen meist drei verschiedenen Vorspeisen *(primero)* und drei Hauptgerichten *(segundo)*; Nachtisch und ein einfacher Wein sind im Preis inbegriffen. Je mehr Einheimische an den Tischen sitzen, desto vertrauenswürdiger ist der Laden.

Hauptgerichte kommen in Andalusien ohne große Beilagen auf den

> SPEZIALITÄTEN

Lassen Sie sich diese Köstlichkeiten gut schmecken!

ajoblanco – kalte Knoblauchsuppe, mit Rosinen und Mandelsplittern
albóndigas – Hackfleischbällchen (Tapa)
bacalao – Stockfisch, viele Varianten
boquerones fritos/en vinagre – frittierte oder eingelegte Sardellen (Tapa)
café solo/cortado/con leche – Espresso/Espresso mit einem Schuss Milch/Milchkaffee
chorizo – Paprikasalami
churros – frittierte Teigkringel (zum Frühstück, besonders beliebt *con chocolate,* mit Schokolade)

ensaladilla rusa – spanischer Kartoffelsalat (Tapa)
gambas al ajillo – Garnelen in Knoblauchsoße (Tapa)
gaseosa – süße Brause
gazpacho – kalte Gemüsesuppe aus pürierten Tomaten, Gurken, Paprika, Öl und Essig (Vorspeise), (Foto)
horchata – herbes Erfrischungsgetränk aus Erdmandeln
jamón – luftgetrockneter Serrano-Schinken, die besten kommen aus Jabugo in der Sierra de Aracena und aus Trevélez in den Alpujarras
mejillones – Miesmuscheln (Tapa)
pescaítos – gemischte Platte mit frittiertem Fisch und Meeresfrüchten je nach Angebot
pimientos – Paprikaschoten (Tapa)
pulpo/calamares/chipirones – Krake/Tintenfisch (Tapa)
queso – Käse, meistens *manchego* – aus der Mancha (als Tapa oder zum Frühstück)
salmorejo – ähnlich wie Gazpacho, aber sämiger, mit eingeweichtem Brot (als Tapa mit Brot)
tortilla – spanisches Omelett, meist mit Kartoffelstückchen. Als Tapa bestellen Sie *un pincho de tortilla,* ein Stück Tortilla

clara – Bier mit *gaseosa* (ähnlich einem Alster oder Radler)

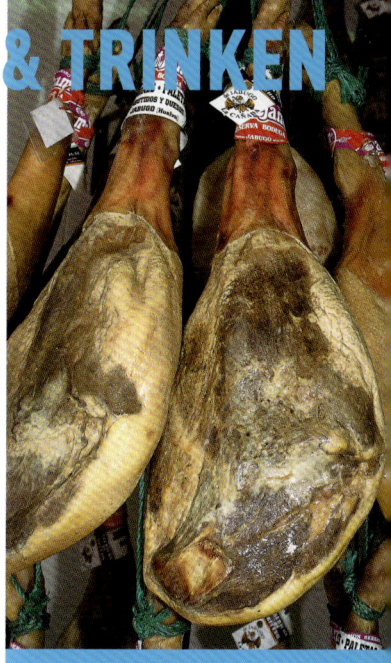

Schinken aus Jabugo in der Sierra de Aracena – der beste Spaniens

Tisch. Ein wenig Salat, Pommes frites, das war's. Ihre besondere Note erhalten die Speisen durchs Olivenöl, das einzige Öl, das Spaniern in die Pfanne kommt. Olivenöl und viel Fisch und Meeresfrüchte, das sind die Zutaten der „mediterranen Diät", die Ernährungswissenschaftler für die Langlebigkeit der Spanier verantwortlich machen.

Zum Abendessen setzen sich die Andalusier frühestens um 21 Uhr an den Tisch, im Sommer eher noch später. Es kann Ihnen in Sevilla passieren, dass Sie am Wochenende um 22 Uhr ein Restaurant betreten und eine Stunde lang der einzige Gast sind, bis sich der Laden dann schlagartig füllt.

Neben der einfachen, bodenständigen Küche gibt es noch die Welt der verfeinerten Genüsse. Küchenchefs wie Juan Mari Arzak, Martín Berasategui oder der Katalane Ferran Adriá haben die Hohe Spanische Küche *(alta cocina)* revolutioniert. Auch in Andalusien ist eine Generation junger engagierter Köche in ihre Fußstapfen getreten. Sie dekonstruiert, schichtet Aromen zu leichten Schäumen oder gart mit Stickstoff bei Minusgraden. Hier wird Kochen zu einer Mischung aus Wissenschaft und Kunst. Derzeit hoch im Kurs stehen Dani García *(Calima | Hotel Don Pepe | José Meliá | Marbella | Tel. 952 76 42 52)* und Benito Gómez *(Tragabuches | José Aparicio 1 | Ronda | Tel. 952 19 02 91)*.

Das bekannteste (und viel genossene) Getränk Andalusiens ist der Sherry *(jerez)*, ein kräftiger Wein von den kalkhaltigen Böden um Jerez, Puerto de Santa María und Sanlúcar de Barrameda. In den oberirdischen Bodegas liegen die Weinfässer in drei oder vier Reihen übereinander; oben der jüngste, unten der älteste Wein. Der zum Konsum bestimmte Sherry wird aus der untersten Reihe genommen. Aufgefüllt werden die Fässer danach mit Wein aus der darüber liegenden Reihe, der sich mit dem verbleibenden älteren Wein mischt. Das geht so weiter bis zu den ganz oben lagernden Fässern, denen schließlich frischer Wein zugegeben wird. Dieses System sorgt für den gleichbleibenden Geschmack; Jahrgangssherrys gibt es nicht. Die bekanntesten Sorten sind der trockene *fino* und der aus Sanlúcar de Barrameda stammende, ebenfalls trockene *manzanilla*. Lieblicher schmecken *amontillado*, *oloroso* und *cream*.

KERAMIK, KACHELN, SILBERARBEITEN

Kunsthandwerk hat goldenen Boden in Andalusien

> Wer ein Stück Andalusien als Erinnerung mit nach Hause nehmen will, findet reichlich handgefertigte Andenken, vor allem Keramik. Die Geschäfte dürfen montags bis samstags je zwölf Stunden öffnen, außerdem an acht Sonntagen im Jahr. Doch die Siesta ist den Spaniern heilig, und so sind die meisten Läden nur von 10–13.30 und dann erst wieder abends 17–20.30 Uhr geöffnet.

KERAMIK

Vorherrschend sind schlichte Formen mit verspielten Mustern, meist stilisierte Pflanzenmotive, mit grobem Strich blau, gelb, grün hingemalt. Auf den ersten Blick ein wenig rustikal, kitschig, auf den zweiten zum Verlieben. Nicht nur schön, sondern dazu noch praktisch: *cuencos*, Schüsseln und Schalen. Beliebt sind die *azulejos*, die meist maurisch inspirierte Kacheln mit geometrisch-vegetativen Mustern. Wenn Sie etwas gefunden haben, das Ihnen gefällt, kaufen Sie's. Woanders ist es nämlich nicht billiger.

KULINARISCHES

Beliebt sind auch andalusische Erinnerungen für Gaumen und Magen. Wie beim Wein unterscheidet man auch bei gutem Olivenöl, aus welchem Anbaugebiet es stammt. Nehmen Sie nur ein extra natives Olivenöl *(aceite de oliva virgen extra)*. Dass sich Öle aus unterschiedlichen D.O.s *(denominación de orígen)* auch in Geruch, Farbe und Geschmack unterscheiden können, liegt vor allem an der Olivensorte, die gepresst wurde (es gibt über 200 Sorten). Wenn Sie möchten, lassen Sie sich in einem Fachgeschäft beraten, etwa in der *Casa de Aceite*, die gibt es in Baeza und Úbeda.

Der beste Schinken Spaniens heißt *Jamón Ibérico de Bellota* und kommt aus dem Ort Jabugo. Die luftgetrockneten Keulen stammen von einer Schweinerasse, die es nur in Spanien gibt und die traditionell mit Eicheln gemästet wurde. Der beste Serrano-Schinken reift in Trevélez, in der kühlen Bergluft der Alpujarras.

> EINKAUFEN

▪ KUNSTHANDWERK

Eine Cordobeser Spezialität ist Schmuck-
leder, das kunstvoll mit Silberfarben bemalt wird. Granada ist dagegen für In-
tarsienarbeiten bekannt, vom Allzweck-
kästchen bis zum Schachbrett. Weniger
exklusiv, aber mit höherem Nutzwert:
die Decken aus Grazalema und die ei-
genwilligen *jarapas* (Flickenteppiche)
aus Frigiliana oder den Alpujarras.

▪ SCHUHE & KLEIDUNG

Gute Lederwaren erhalten Sie in Ubrique
(Sierra de Grazalema), beste Reitstiefel
in Valverde del Camino (Provinz Huelva).
Schuhe und Kleidung sind in Andalusien
billiger zu haben als in Deutschland.
Schauen Sie ruhig auch in den populä-
ren Modeläden von Zara, Mango oder
Hoss vorbei, die Sie in den größeren
Städten finden. Wer nach den neusten
Trends sucht, sollte nach Sevilla fahren.
Dort finden Sie nicht nur das Geschäft
der berühmtesten Modeschöpfer Anda-
lusiens, Victor & Lucchino (C/Sierpes),
sondern auch viele Szeneboutiquen.

▪ SHERRY

Der berühmteste Wein Andalusiens ist
der Sherry. Er kommt aus Jerez, El
Puerto de Santa María oder Sanlúcar de
Barrameda. Vielleicht nehmen Sie an
einer Bodega-Besichtigung teil und pro-
bieren anschließend, welcher Typ Ihnen
am besten schmeckt. Trocken und frisch
sind *Fino* und *Manzanilla*. Letzterer
kommt ausschließlich aus Sanlúcar de
Barrameda. Auch der bernsteinfarbene
Amontillado ist trocken, sein pikantes
Nussaroma passt gut zu Tapas mit Käse
und Fleisch. Die dunklen und süßen
Oloroso und *Pedro Ximénez* sind ideal
zum Dessert. Meist wird in den Bodegas
auch Brandy hergestellt. Hier heißt die
Faustregel, je reifer, desto besser.

▪ SILBER

Wer es etwas edler mag, findet vor allem in Córdoba feine Silberarbeiten –
viel Dekoratives für die Vitrine. Gehen
Sie lieber zu einem richtigen Juwelier
(joyería), dort bekommen Sie sicher
echte Ware.

> STRAHLENDE STÄDTE UND KÜHLE BERGE

Sevilla und Córdoba vereinen die Pracht der Vergangenheit mit der Lebensfreude der Gegenwart. Und die Natur ist nicht weit

> Der Guadalquivir, die Lebensader Andalusiens, durchzieht den Westen der Region: vorbei an Córdoba, der alten Kalifenstadt, und Sevilla, dem pulsierenden Herzen Andalusiens – bis sich der Fluss beim Nationalpark Doñana in den Atlantik ergießt.

Córdoba lockt mit seiner mehr als 1000 Jahre alten Mezquita. Sevilla, die andalusische Hauptstadt, will nicht nur besichtigt, sondern erlebt werden: Wenn Sie die Herrlichkeiten der Reales Alcázares und der Kathedrale in

sich aufgenommen haben, lassen Sie sich durchs Nachtleben treiben. In der Nachbarprovinz Huelva warten die weiten Strände der westlichen Costa de la Luz, die Doñana und die wenig besuchte Sierra de Aracena.

ARACENA

[127 D2] Wie einen Regenschauer nach einem heißen Sommertag, so werden Sie den Duft des Waldes und sein kühles Grün

Bild: Plaza de España in Sevilla

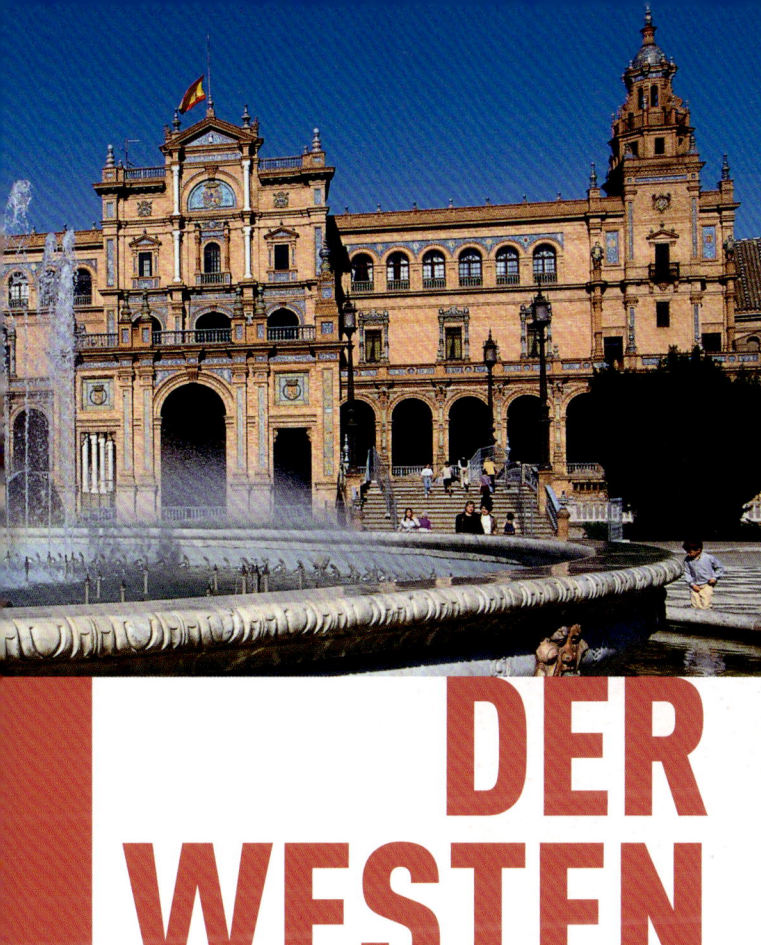

DER WESTEN

genießen, wenn Sie im Schatten von Kastanien und Olivenbäumen, von Kork- und Steineichen einen Wiesenrand entlangwandern, unterwegs von einem halb vergessenen Dorf zum nächsten. In den bewaldeten Bergen des Naturparks ⭐ *Sierra de Aracena y Picos de Aroche* (*www.sierradearacena.org*) am westlichen Ende der Sierra Morena suchen die Sevillaner seit langem für ein paar Tage Erholung von der überhitzten Großstadt. Nun beginnen auch andere Besucher, diese liebliche Naturlandschaft in einem vergessenen Winkel Andalusiens zu entdecken. Das 7000-Einwohner-Städtchen Aracena ist der geografische und touristische Mittelpunkt des Naturparks. Ein Bergort, an dem man gerne ein paar Tage ausspannen möchte. Vielleicht nur, um die Abende in den Bars der Gran Vía und der Plaza Marqués de Aracena zu genießen. ❈ Auf dem Gipfel des

ARACENA

Stadtbergs wacht die Ruine einer portugiesischen Burg Mauer an Mauer mit der gotischen Kirche Nuestra Señora del Mayor Dolor über das Leben zu ihren Füßen.

■ SEHENSWERTES

GRUTA DE LAS MARAVILLAS

Der Stadtberg birgt die „Höhle der Wunder", eine auf 1,2 km begehbare

MONTECRUZ

Leckere Tapas und Gerichte der Region; während der Jagdsaison Wildspezialitäten. *Mi geschl. | Plaza San Pedro | Tel. 959 12 60 13 | €–€€*

■ ÜBERNACHTEN

HOTEL LOS CASTAÑOS 🔊

Zentral gelegenes Traditionshotel. *30 Zi. | Av. Huelva, 5 | Tel. 959 12 63 00 |*

Nicht nur für Herrenreiter: Blick vom Gipfel des Stadtbergs auf Aracena

Tropfsteinhöhle. *Tgl. 10–13.30 und 15–18 Uhr | C/Pozo de la Nieve | ab 25 Personen | Eintritt 8 Euro*

■ ESSEN & TRINKEN

LA DESPENSA DE JOSÉ VICENTE

Bestes Restaurant am Ort, mit eigenem Feinkostladen. *Tgl. (abends nur mit Reservierung) | Avda. Andalucía, 53 | Tel. 959 12 84 55 | €€–€€€*

Fax 959 12 62 87 | www.loscastanos hotel.com | €

HOTEL LA ERA DE ARACENA 🔊 ❋

Insider Tipp

Stilvolles Landhotel in schöner Lage mit bestem Blick über die Hügel der Sierra. Ideal für ein romantisches Wochenende. *16 Zi. | N 433, km 85,4 | Tel. 959 10 23 12 | Fax 959 10 23 13 | www.hotelaracena.com | €€–€€€*

> **www.marcopolo.de/andalusien**

FINCA VALBONO 🔊
Dreisternehotel in einem schönen, liebevoll restaurierten *cortijo* (Landgut) vor den Toren von Aracena. *6 Zi., 20 Apt. | Ctra. Carboneras, km 1 | Tel. 959 12 77 11 | www.fincavalbono.com | €€*

■ AUSKUNFT

Oficina de Turismo am Eingang zur Gruta de las Maravillas *(Tel. 959 12 82 06)*. Informationen über den Naturpark im *Centro de Interpretación del Parque Natural (Plaza Alta | auf halbem Weg hinauf zur Festung). www.sierradearacena.net*

■ ZIELE IN DER UMGEBUNG

Insider Tipp ALMONASTER LA REAL [126 C2]
Bezauberndster Ort der Sierra (1800 Ew. | 27 km westlich von Aracena). Auf einer Anhöhe thronen Festung und Moschee aus dem 10. Jh., errichtet auf den Fundamenten eines westgotischen Klosters. Vom ☀ Minarett genießen Sie eine unver-

gleichliche Aussicht, auch auf die Stierkampfarena (19. Jh.), die neben der Festung am Hang klebt wie ein viel zu großes Schwalbennest. Übernachten können Sie im 🔊 *Hotel Casa García (20 Zi. | C/San Martín, 2 | Tel. 959 14 31 09 | €)* mit Restaurant – es wird auch Deutsch gesprochen. Nicht weit entfernt liegt *Jabugo,* das in ganz Spanien für seinen Schinken berühmt ist. Die Schweine leben in ihren letzten Monaten von nichts als den Eicheln der Steineichen.

FUENTEHERIDOS UND ALÁJAR [126 C2]
11 km westlich von Aracena liegt in Kastanien- und Eichenwäldern das 700-Seelen-Dorf Fuenteheridos, dessen Gassen Autofahrer zur Verzweiflung bringen können. Ein Brunnen mit zwölf Hähnen auf dem Hauptplatz *El Coso* erinnert an den Wasserreichtum des Ortes. Hier bittet auch das urige *Mesón La Posá (Mo geschl. | Plaza del Coso, 10 | Handy 686 14 12 24 | €–€€)* mit andalusischer

MARCO POLO HIGHLIGHTS

★ **Reales Alcázares**
Ein christlicher Fürst ließ in Sevilla maurische Pracht entstehen (Seite 45)

★ **Sierra de Aracena**
Liebliche Berge, dichte Wälder, beschauliche Dörfer (Seite 31)

★ **El Palacio Marqués de la Gomera**
Ein Traum von Hotel in einem Barockpalast in Osuna (Seite 51)

★ **Mezquita**
Ein Zauberwald aus Säulen in Córdoba (Seite 36)

★ **Barrio Santa Cruz**
Das alte Judenviertel Sevillas (Seite 42)

★ **Catedral und Giralda**
Sevilla: eine Kirche, bewacht von einem alten Minarett, der Giralda (Seite 43)

★ **Coto de Doñana**
Der Nationalpark im Mündungsgebiet des Flusses Guadalquivir ist Europas größtes Vogelschutzgebiet (Seite 52)

★ **La Carbonería**
Flamenco live bis weit nach Mitternacht in Sevilla (Seite 49)

Küche zu Tisch. Nicht weit liegt das familiäre *Hostal Carballo (7 Zi. | C/La Fuente, 16 | Tel. 959 12 51 08 | www.hostalcarballo.com | €)*.

Alájar (800 Ew., 5 km südlich von Fuenteheridos) lädt dazu ein, einen Kaffee im Schatten der Kirche San Marcos zu trinken. Hier gibt es eines der gemütlichsten Hotels der Gegend: *La Posada (8 Zi. | C/Médico E. González, 2 | Tel. 959 12 57 12 | www.laposadadealajar.com | €)* mit Restaurant.

LINARES DE LA SIERRA [126 C2]

Ein ordentlich ausgeschilderten Wanderwege führt von Aracena ins 6 km entfernte Linares (300 Ew.). Das malerische Dorf besitzt noch zwei öffentliche Waschplätze *(lavaderos)* und eine Plaza, die während der Fiesta de San Juan im Juni zur Stierkampfarena wird.

ZUFRE [127 D2]

Der 1000-Einwohner-Ort 27 km östlich von Aracena erinnert an die Weißen Dörfer bei Ronda. Am schönsten

Das gute Buch: Bronzestatue des jüdischen Gelehrten Maimónides in Córdoba

ist die *Plaza de la Iglesia* mit der Kirche Purísima Concepción, dem Renaissancerathaus und einem kuriosen Wasserspeier (16. Jh.).

CÓRDOBA

KARTE IN DER HINTEREN UMSCHLAGKLAPPE

[129 E4] Córdoba (320 000 Ew.) ist populär. Besucher aus aller Welt drängeln sich in den engen Gassen der Judería rund um die Mezquita. Doch nur ein paar Schritte von der tausendjährigen Moschee entfernt ist der Touristenrummel vorbei. Setzen Sie sich in eine der Bars der Plaza Trinidad zu Füßen der Kirche gleichen Namens, und schauen Sie den Cordobesen bei ihren immer lautstarken Unterhaltungen zu. Verlieren Sie sich anschließend in den Straßen der Innenstadt, die Sie nie dort hinführen, wo Sie eigentlich landen wollten, dafür jedoch mit unerwarteten Entdeckungen belohnen. Um die Schätze der ehemaligen Kalifenstadt ins schönste Licht zu rücken – 2016 will man Kulturhauptstadt werden –, wird renoviert und restauriert.

Die Mezquita aber ist ganz allein schon den Besuch der Stadt wert. Sie ist das Vermächtnis der Araber, die Córdoba um die erste Jahrtausendwende zu einer der bedeutendsten Städte der damaligen Welt erblühen ließen.

■ SEHENSWERTES

ALCÁZAR DE LOS REYES CRISTIANOS

Alfons XI. ließ im 14. Jh. den Palast der Christlichen Könige bauen, nachdem Ferdinand der Heilige 1236 fünf Jahrhunderte arabischer Herrschaft in Córdoba beendet hatte. Unge-

Typisch für Córdoba: Haus mit üppigem Blumenschmuck

wöhnlich für einen christlichen Palast jener Zeit sind die *Baños Reales* (Königliche Bäder), eingerichtet nach maurischem Vorbild. Die *Torre de la Inquisición* erinnert an die dunkle Geschichte des Palasts, der von 1482 bis 1821 als Sitz der Inquisition in Córdoba diente. Zu besichtigen sind heute auch Funde aus römischer Zeit wie Mosaiken und ein Sarkophag. Am Ende des Rundgangs durch den Alcázar lädt ein schön angelegter Garten zum Bummeln und Entspannen ein. *Mai/Juni, Sept.–Mitte Okt. Di–Sa 10–14 und 17.30–19.30, Juli/ Aug. Di–Sa 8.30–14.30, Mitte Okt. bis April Di–Sa 10–14 und 16.30 bis 18.30, So ganzjährig 9.30–14.30 Uhr | Eintritt 4 Euro, Mi Eintritt frei*

CASA DE SEFARAD

Das Leben der Sefardim (spanische Juden, die seit 1492 im Exil lebten) wird in einem historischen Gebäude der Judería lebendig. Interessante Ausstellungsstücke, schöne Biblio-thek; gelegentlich finden auch Konzerte statt. *Mo–Sa 10–18, So 11–14 Uhr | Eintritt 4 Euro | www.casadese farad.com*

JUDERÍA

Zur Zeit des Kalifats Mitte des 10. Jhs. zogen viele Juden nach Córdoba in die Straßen rund um die Mezquita. Die Zeit religiöser Toleranz endete im 14. Jh. unter christlicher Herrschaft. 1391 fanden die schlimmsten Pogrome statt; unter den Katholischen Königen wurden 1492 die verbliebenen Juden endgültig vertrieben. Heute ist das ehemalige Judenviertel Unesco-Welterbe und von Touristen überlaufen. Enge Straßen, weiß gekalkte Häuser und nach Blumen duftende Höfe erfreuen die Sinne. Kein Córdoba-Besuch ohne einen Abstecher in die *Calleja de las Flores*, das „Blumengässchen". In der C/Judíos, 20 ist die einzige erhaltene Synagoge Andalusiens zu besichtigen, 1315 unter der Herrschaft Alfons' XI. im Mudéjarstil errichtet. *Di–Sa 9.30–14, 15.30–17.30, So 9.30–13.30 Uhr | Eintritt für EU-Bürger frei*

MEZQUITA ⭐

Wer das Innere der Moschee durch die Puerta de las Palmas betritt, findet sich mit einem Mal in einem Zauberwald aus steinernen Säulen wieder, doppelt überspannt von langen Reihen rotweißer Bögen. Die annähernd quadratische Mezquita scheint auf den ersten Blick in perfektem Gleichmaß errichtet zu sein. Doch mit jedem Schritt, den Sie als Besucher tun, gibt sie ihre Vielgestaltigkeit preis. Die maurischen Herrscher Córdobas begannen mit dem Bau der Moschee 785 an Stelle einer Basilika, die sie den Christen abgekauft hatten. Ihre heutigen Ausmaße erreichte die Mezquita erst um die erste Jahrtausendwende nach drei großen Erweiterungen. Durchwandern Sie die Anlage gegen den Uhrzeigersinn, so folgen Sie ihrer Chronologie. Die Säulen im ersten Viertel hinter dem Eingang entstammen römischen und westgotischen Bauten; die Bögen darüber sind aus weißgelbem Sandstein und roten Ziegeln zusammengesetzt. An der Südostseite, dem Eingang gegenüber, findet sich der *Mihrab,* die prächtige Gebetsnische, die während der zweiten großen Erweiterung Mitte des 10. Jhs. entstand. Der letzte Bauabschnitt, der die Mezquita nach Nordosten ausdehnte, ist der anspruchsloseste; die Bögen über den Säulen sind hier nur noch bemalt.

Die Christen nutzten die Mezquita nach der Eroberung Córdobas 1236 als Kirche. Das märchenhafte Gebetshaus gefiel ihnen. Während der folgenden 300 Jahre begnügten sie sich damit, kleinere Kapellen einzufügen, die den Gesamteindruck der früheren Moschee kaum berührten. Doch der Bischof Alonso Manrique drängte im 16. Jh. auf den Bau einer Kathedrale. Gegen den heftigen Protest der Bevölkerung wurde der Mezquita eine Renaissancekirche eingepflanzt – ein Speerstich ins Herz der maurischen Schönen. Bis heute hat niemand gewagt, das Ergebnis dieses architektonischen Frevels wieder zu beseitigen. Ironie der Geschichte, dass der Prachtbau der Moslems der katholischen Kirche gehört und auf Stadtplänen korrekt als „Mezquita Catedral" auftaucht. *März–Okt. Mo bis Sa 10–18.30, So 8.30–10 und 14 bis 18.30, Nov.–Feb. Mo–Sa 10–17, So 8.30–10 und 14–17 Uhr | Eintritt 8 Euro | Messe Mo–Sa 9.30, So 11 Uhr*

MUSEO ARQUEOLÓGICO

Córdobas faszinierendes Archäologisches Museum bietet Keramik aus dem Neolithikum, Kalksteinskulpturen der Iberischen Kultur (6.–3. Jh. v. Chr.), römische Mosaike und islamische Kunst aus der Blütezeit Córdobas um die erste Jahrtausendwende. *Di 14.30–20.30, Mi–Sa 9–20.30, So 9–14.30 Uhr | Plaza de Jerónimo Páez, 7 | Eintritt für EU-Bürger frei*

MUSEO BELLAS ARTES

Das Museum wurde 1862 vom Vater des Malers Julio Romero de Torres gegründet. Zu sehen sind spanische Meister wie Murillo, Ribera, Zurbarán, Goya. *Di 14.30–20.30, Mi–Sa 9–20.30, So 9–14.30 Uhr | Plaza del Potro | Eintritt für EU-Bürger frei*

PALACIO DE LOS MARQUESES DE VIANA

Insider Tipp

Córdobas prachtvollster Adelspalast geht auf das 14. Jh. zurück und ist immer wieder erweitert worden. Heute umschließt er 12 Höfe und einen Garten. *Juni–Sept. Mo–Sa 9–14, Okt.–Mai Mo–Fr 10–13 und 16–18 Uhr | Plaza Don Gome, 2 | Eintritt 6 Euro, nur die Höfe 3 Euro*

PLAZA DE LOS DOLORES

Auf dem kleinen „Schmerzensplatz" ist ein steinerner Christus *(Cristo de los Faroles)* von merkwürdigen schmiedeeisernen Laternen umringt.

PLAZA DEL POTRO

Gemütlicher Dorfplatz mitten in der Stadt, beherrscht von der Fassade des *Museo de Bellas Artes* im plateresken Stil, einem Baustil der spanischen Spätgotik. Das sich aufbäumende Fohlen über dem Renaissancebrunnen in der Platzmitte ist ein Wahrzeichen Córdobas. In der angrenzenden *Posada del Potro* (15. Jh.) übernachtete einst Cervantes, der sie in seinem „Don Quijote" verewigte.

PUERTA DE ALMODÓVAR

Wenn Sie durch das mächtige mittelalterliche Tor am nordwestlichen Ende der Judería aus der Innenstadt hinausgehen, finden Sie links die Calle Cairuan, die an einem gut erhaltenen Teil der maurischen Stadtmauer entlangführt. Dabei stoßen Sie auf eine Statue des in Córdoba geborenen moslemischen Philosophen Averroes (1126–1198). Seinem Freund, dem jüdischen Denker Maimónides (1135–1204), ist auf der Plaza de Tiberiades an der C/Judíos ein Denkmal gesetzt.

Prachtvoll: Säulenhalle in der Mezquita

TORRE DE LA CALAHORRA ✄

In dem ehemaligen Festungsturm (1369) ist das populäre „Museum der Drei Kulturen" untergebracht, das Besuchern das Leben von Moslems, Christen und Juden zur Zeit des Kalifats nahe bringt – allerdings eher romantisch verklärend als wirklich informativ. Von hier aus bietet sich ein Postkartenblick über den Guadalquivir und die *Puente Romano* – die Römische Brücke, die auf Fundamenten aus der Zeit Kaiser Augustus' ruht – sowie auf die Mezquita. *Tgl. 10–14 und 16.30–20.30, Okt.–April 10–18 Uhr | Eintritt 4,50 Euro*

ESSEN & TRINKEN

Insider Tipp
AMALTEA
Hier gibt es moderne mediterrane Küche und – selten in Andalusien – leckere Salate. An der oft lauten Uferstraße des Guadalquivir. *So-Abend geschl. | Tel. 957491968 | Ronda de Isasa, 10 | €–€€*

BODEGAS CAMPOS
Der 1908 gegründete Weinkeller ist heute ein labyrinthisches Restaurant rund um mehrere Innenhöfe. Exquisite Cordobeser Küche. *So nur mittags | C/Los Lineros, 32 | Tel. 957 49 75 00 | €€€*

CASA PEPE DE LA JUDERÍA
Hier gibt es traditionelle Küche und sehr gute Tapas in gemütlichem Ambiente. *Tgl. | C/Romero, 1 | Tel. 957 20 07 44 | €€–€€€*

EL CHURRASCO
Antiquitäten geben dem Restaurant in Mezquita-Nähe Atmosphäre. Heiß geliebt sind die Steaks von Rindern aus dem Pedroches-Tal. *Aug. geschl. | C/Romero, 16 | Tel. 957290819 | www.elchurrasco.com | €€€*

LA GUSA
Frische, gesunde Küche in freundlichem Ambiente, nachmittags *tetería* (Teestube), abends Kneipenatmosphäre. *Tgl. | C/Diario de Córdoba, 18 | Tel. 957 49 11 23 | €–€€*

EINKAUFEN

Der *Zoco Municipal*, eine Markthalle für kunsthandwerkliche Erzeugnisse gegenüber der Synagoge, sieht auf den ersten Blick nach einer Touristenfalle aus, ist aber keine. Filigrane

> BÜCHER & FILME
Geschichte, Kultur und Abenteuer

> **Der polnische Reiter** – Antonio Muñoz Molina, der erfolgreichste andalusische Schriftsteller der Gegenwart, beschreibt in seinem Roman Kindheit und Jugend in einem andalusischen Dorf.

> **Die Brücke von Alcántara** – Der kenntnisreiche und spannende Roman von Frank Baer ist im 11. Jh. angesiedelt und schildert den nahenden Untergang von Al-Andalus.

> **Gebrauchsanweisung Andalusien** – Vom kollektiven Marienwahn bis zu den weißen Dörfern: In Nikolaus Nützels Buch erfährt man mehr über andalusische Mythen und Klischees – sehr unterhaltsam.

> **Playa del Futuro** – Aussteiger- und Liebesgeschichte vor grandioser Kulisse. Das lakonische, melancholische Filmvergnügen von Peter Lichtefeld setzt auf den Zauber der leeren Landschaften Ostandalusiens und auf die Kraft der Träume. (Deutschl. 2005)

> **Der Flamenco Clan** – Filmemacher Michael Meert erzählt die Geschichte der Gitano-Dynastie Carmona, von der Band Ketama und den Wurzeln des Flamenco in den Höhlen des Sacromonte (Deutschl. 2004).

Silberarbeiten, für die Córdoba berühmt ist, finden Sie in der *Joyería Maimónides (C/Romero, 5).* Lederwaren kaufen die Cordobesen bevorzugt in der Werkstatt von *Cordobán Meryan (Calleja de las Flores, 2).*

■ ÜBERNACHTEN

ALBUCASIS

Gepflegtes, familiäres Zwei-Sterne-Haus in der Judería. *15 Zi. | C/Buen Pastor, 11 | Tel. 957 47 86 25 | www. hotelalbucasis.com | €–€€*

CASA DE LOS AZULEJOS

Insider Tipp

Schön gestaltete Zimmer in einem Haus aus der Kolonialzeit; nette Bibliothek. In der Nähe der römischen Ruinen und des Rathauses. *8 Zi. | Fernando Colón, 5 | Tel. 957 47 00 00 | www.casadelosazulejos.com | €€*

HOSPES PALACIO DEL BAILÍO

Das schönste Hotel Córdobas liegt am Nordrand der Altstadt. Der Palastkomplex mit romantisch-zeitgenössischem Interieur umschließt vier stimmungsvolle Patios. *53 Zi. | Ramírez de las Casas Deza, 10–12 | Tel. 957 49 89 93 | Fax 957 49 89 94 | www.hospes.es | €€€*

MAESTRE

Hotel und Hostal in direkter Nachbarschaft. Angenehme Atmosphäre für wenig Geld. *46 Zi. | C/Romero Barros, 4/6 | Tel. 957 47 24 10 | www. hotelmaestre.com | €*

SENECA

Gemütliches Hostal mit grünem Patio. *12 Zi. | C/Conde y Luque, 7 | Tel./ Fax 957 47 32 34 | www.hostalseneca@hotmail.com | €*

Stolz und Anmut: Flamencotänzerin

■ AM ABEND

Schick und angesagt ist das neue Lounge- und Nachtcafé ▶▶ *Sojo Ribera* auf dem Dach des Parkhauses La Herradura (Paseo de la Ribera, 1, an der Guadalquivirbrücke *Miraflores*). Kneipentreffpunkt in der Altstadt sind die *Plaza de la Corredera* und die *Av. Gran Capitán* auf Höhe der Kirche San Hipólito. Junge Cordobesen treffen sich eher außerhalb der Innenstadt zwischen ▶▶ *Calle Goya* und *Av. Libertad* bzw. *Av. del Brillante.*

Ein ordentliches Flamenco-Programm gibt es im *Tablao Cardenal*

CÓRDOBA

(Feb.–Nov. Mo–Sa 22.30 Uhr | C/Torrijos, 10 | Eintritt 20 Euro).

■ AUSKUNFT ■

OFICINA DE TURISMO

C/Torrijos, 10 | gegenüber der Mezquita | Tel. 957 35 51 79, 902 20 17 74 | www.turismodecordoba.org

Weitere Infostände am Bahnhof, an der Plaza de las Tendillas und beim Alcázar. Mit der Córdoba Card (16–47 Euro | www.cordobacard.com) hat man je nach Kategorie freien Eintritt zu den Museen der Stadt, kann an geführten Touren teilnehmen und ein tablao (Flamencoshow) besuchen. Enthalten ist auch der Bustransfer nach Medina Azahara.

■ ZIELE IN DER UMGEBUNG ■

ALMODÓVAR DEL RÍO   [129 D4]

Das schön verschachtelte Städtchen im Guadalquivir-Tal (8000 Ew. | 25 km westlich von Córdoba) wird überragt von einer gewaltigen, rundum von Zinnen gekrönten maurischen Burg aus dem 12. Jh. Gut essen zu vernünftigen Preisen können Sie im Restaurant La Taberna (Sept. bis Juli Di–So 13.30–16 und 20.30 bis 23 Uhr, im Juli So geschl. | C/ Antonio Machado, 24 | Tel. 957 71 36 84 | €€).

MEDINA AZAHARA   [129 D4]

Der Emir von Córdoba, Abd Ar Rahman III., Herrscher der Omaijaden-Dynastie, fühlte sich 929 so stark, dass er sich erlaubte, den Kalifentitel anzunehmen. Zur Demonstration seines Machtbewusstseins befahl er 936 den Bau eines neuen Regierungssitzes vor den Toren Córdobas: Medina Azahara, auch Madinat al-Zahra genannt. Ausgestattet mit verschwenderischem Luxus, entstand 10 km westlich von Córdoba eine märchenhafte Palaststadt, deren Ruf in alle Welt drang. Spannungen im neuen Kalifat führten dazu, dass Gegner der Omai-

Über 1000 Jahre alt – der Kalifenpalast Medina Azahara bei Córdoba

jaden 1010 die gerade erst entstandene Pracht zerstörten.

Anfang des 20. Jhs. begannen die Ausgrabungen. Zwei Gebäude sind teilweise wieder aufgebaut worden und lassen die untergegangene Großartigkeit erahnen: der *Salón Rico* oder *Salón de Abd Ar Rahman III.* und das *Edifício Basilical Superior. Mai–Mitte Sept. Di–Sa 10–20, So 10–14, Mitte Sept.–April Di–Sa 10 bis 18, So 10–14 Uhr | Eintritt für EU-Bürger frei | Sonderbus tgl. um 10 und 11 Uhr sowie einmal am Nachmittag ab Córdoba | Abfahrt Av. Alcázar und Paseo de la Victoria | Tickets: Tel. 902 20 17 74 oder bei der Touristeninformation | 6,50 Euro*

SIERRA SUBBÉTICA   [129 F5–6]

Auf der Plaza de la Paz, unter der Burg aus dem 9. Jh., stehen die Männer aus *Zuheros* (880 Ew.) beieinander und schauen über die Olivenhaine der Campiña zu ihren Füßen.

Ganz und gar weiß klebt das Dorf an einem Hang der Sierra Subbética, dem faszinierend kargen Bergland etwas abseits der Nationalstraße von Córdoba nach Granada, das von den meisten Reisenden links liegen gelassen wird. Die Eiligen verpassen verträumte Dörfer wie Zuheros und Luque sowie die erstaunlich prachtvollen Barockbauten der *Ruta del Barroco*. Hauptort der Sierra Subbética ist *Priego de Córdoba* (23 000 Ew. | 104 km südöstlich von Córdoba), dessen weiße Altstadt romantisch auf einem Felsplateau thront. Im Schatten der arabischen Burg liegt das gemütliche Restaurant *El Aljibe (Mo geschl. | C/Abad Palomino, 7 | Tel. 957 70 18 56 | €–€€).* Nicht weit, im Gewirr der Altstadtgassen, finden Sie die schönste Pension der Gegend: *La Posada Real (7 Zi. | C/Real, 14 | Tel. 957 54 19 10 | www.laposadareal.com | €).*

Auskunft: Oficina de Turismo | Mo geschl. | C/Río, 33 | Tel. 957 70 06 25 | www.turismodepriego.com

SEVILLA

KARTE IN DER HINTEREN UMSCHLAGKLAPPE

[127 E4] **Auf der Avenida de la Constitución schlängeln sich junge Mopedfahrer in Jeans und T-Shirt durch den nachmittäglichen Verkehr.** Das nicht abreißende Knattern der Zweitaktmotoren gehört zur Musik der Stadt wie das Trappeln der Kutschpferde, der Flamenco aus den Lautsprechern der Bars und die lang gezogenen Rufe der blinden Losverkäufer. Die 700 000-Einwohner-Stadt, nach Madrid, Barcelona und Valencia die viertgrößte Spaniens, vibriert. Doch nie verfallen die Sevillaner in Hektik. Die Sonne, die mittags gnadenlos weiß am Himmel steht und abends ihren sanften rötlichen Schleier über die Straßen legt, dämpft jede Unrast. Rund um die Giralda – das Wahrzeichen der Stadt, ursprünglich ein Minarett, das zum Glockenturm der Kathedrale verwandelt wurde – liegt ein Puzzle aus Gassen, Plätzen, Monumenten, üppigen Gärten und von Dachterrassen gekrönten Wohnhäusern.

Seine stolzesten Tage erlebte Sevilla unter der Herrschaft des Berbervolkes der Almohaden um die erste Jahrtausendwende und gut 500 Jahre später im Fieber der Entdeckung und Ausbeutung Lateinamerikas. Doch die Stadt lebt nicht allein von vergangener Größe. Mit der Expo 1992 zog Sevilla die Aufmerksamkeit der Welt auf sich. Für die Ausstellung wurde auf der Halbinsel La Cartuja ein

neuer Stadtteil geschaffen. Dort findet seit 2004 auch die Biennale für zeitgenössische Kunst (BIACS) statt. In Sevilla tut sich was. Das merkt man auch an den coolen Bars und Szeneläden, auf die man neuerdings in La Macarena oder im Stadtteil Triana trifft, und vor allem an den vielen jungen Reisenden, die es in die Hauptstadt Andalusiens zieht.

Nähere Informationen finden Sie im MARCO POLO Band „Sevilla".

■ SEHENSWERTES

ARCHIVO GENERAL DE INDIAS
Nachdem Kolumbus 1492 im Auftrag der spanischen Krone gen Westen gesegelt war, um einen neuen Weg nach Indien zu finden, und dabei zufällig Amerika entdeckt hatte, entwickelte sich Sevilla zum Zentrum des Handels zwischen Neuer und Alter Welt. Die Eroberung Amerikas, seine Verwaltung und der interkontinentale Handel sind im Generalarchiv (Neu-)Indiens dokumentiert. *Mo–Sa 9–16, So 10–14 Uhr | Eintritt frei | Plaza del Triunfo*

AYUNTAMIENTO
Das Rathaus aus dem 16. Jh. ist zur Plaza San Francisco prächtig im Stil der spanischen Spätgotik gestaltet, während die Hauptfassade zur Plaza Nueva nach einem Ausbau schlichter klassizistisch geriet. *Führungen Sept. bis Juli Di–Do 17.30 und 18, Sa 12 Uhr | Eintritt frei*

BARRIO SANTA CRUZ ★
Das märchenhafte Stadtviertel im Schatten der Reales Alcázares lädt dazu ein, sich ein paar Stunden ohne Stadtplan in seinen weißen Gassen

Die Giralda, das Minarett aus dem 12. Jh., überragt die Kathedrale von Sevilla

zu verlieren, ungestört von Autos oder Mopeds in einer der Bars einen Kaffee zu trinken oder in kleinen Läden nach Keramik zu stöbern. Der schönste der vielen schönen Plätze ist gar keiner: In der *Calle Lope de Rueda* verwandeln Topfpflanzen die Straße in einen gemütlichen Hof für den Plausch unter Nachbarn. Zur Geschichte des alten Judenviertels gehören ein Pogrom (1391) und die Vertreibung seiner Bewohner 1492.

CASA DE PILATOS

Das Haus des Pilatus ist ein phantastischer Stadtpalast, Ende des 16. Jhs. im Mudéjarstil erbaut. *April–Okt. tgl. 9–19, Nov.–März. tgl. 9–18 Uhr | Plaza de Pilatos | Eintritt EG 5, ganzer Palast 8 Euro, Di 13–17 Uhr gratis*

CATEDRAL UND GIRALDA ⭐

„Errichten wir eine so große Kirche, dass uns die Nachwelt für verrückt erklärt." Die Bauherren der Kathedrale von Sevilla (15. Jh.) sind dieser Vorgabe eines Kapitelherrn gefolgt und schufen den größten gotischen Kirchenbau der Welt. Hinterm Südeingang halten vier steinerne Träger einen Sarkophag, der seit 1902 die Gebeine von Kolumbus bewahrt. Dass es sich tatsächlich um die Gebeine des Entdeckers handelt, wurde 2006 per DNS-Test belegt. Allerdings ist das Skelett nicht vollständig.

Höhepunkt im Innern der Kirche ist der in hundertjähriger Arbeit entstandene Hochaltar mit seinem Schwindel erregenden Formenreichtum. Die Kathedrale wurde, wie fast immer in Andalusien, an Stelle einer Moschee errichtet, von der noch der Orangenhof und die ✳ *Giralda*, ein Minarett aus dem 12. Jh., übrig sind. Dem Minarett wurde während des Umbaus zum Glockenturm im 16. Jh. eine Spitze im Renaissancestil aufgesetzt, gekrönt von einer 4 m hohen Figur mit Standarte und Palmenzweig in Händen. Dieser *Giraldillo* dreht sich im Wind *(girar:* spanisch für drehen), und gab dem gesamten 97 m hohen Turm seinen Namen. Der Aufstieg über eine Rampe zur Spitze der Giralda wird mit den besten Ausblicken über das alte Sevilla belohnt. *Mo–Sa 11–17 (Juli/Aug. 9.30–16), So 14.30–18 Uhr | Eintritt Kathedrale mit Giralda 8 Euro | www.cate dralesevilla.es*

HOSPITAL DE LA CARIDAD

Sevillaner Maler, u. a. Murillo und Valdés Leal, schufen im 17. Jh. für das Hospital der Barmherzigkeit eine Reihe von Gemälden über die Vergänglichkeit allen Seins. *Mo–Sa 9 bis 13.30 und 15.30–19.30, So 9–13 Uhr | C/Temprado, 3 | Eintritt 5 Euro*

ISLA LA CARTUJA

Auf der „Kartäuserinsel" feierten die Sevillaner 1992 ihre fröhliche Expo, deren Spuren sich langsam wieder verwischen. Wo einst der Expo-See lag, vergnügen sich die Sevillaner heute im Freizeitpark *Isla Mágica.*

Die *Puente del Alamillo,* eine der markanten Brücken des spanischen Stararchitekten Santiago Calatrava, überspannt ein Stück nördlich vom Freizeitpark, einer Riesenharfe gleich, den Guadalquivir. Südlich liegt das ehemalige Kartäuserkloster *Monasterio de Santa María de las Cuevas,* in dem das Andalusische Zentrum für Zeitgenössische Kunst *(Centro Andaluz de Arte Contemporáneo | Di bis Fr 10–20, Sa 11–20, So 10–15, April–Sept. Mo–Sa 10–21 Uhr | Eintritt 3 Euro, Di für EU-Bürger frei | www.caac.es)* untergebracht ist.

MUSEO ARQUEOLÓGICO

Das Archäologische Museum, eingerichtet in einem Pavillon der Iberoamerikanischen Ausstellung von 1929, ist bekannt für seine Fundstücke aus Itálica, der römischen Sied-

Farbenprächtige Kachelbilder zieren die Plaza de España

lung im Nordwesten Sevillas, und den Goldschatz von El Carambolo aus dem 8. und 7. Jh. v. Chr. *Di 14.30–20.30, Mi–Sa 9–20.30, So 9 bis 14.30 Uhr | Plaza de América | Eintritt für EU-Bürger frei*

MUSEO DE BELLAS ARTES
Das großartige Museum der Schönen Künste ist in einem Kloster aus dem 17. Jh. untergebracht und birgt Schätze der Sevillaner Malschule von Zurbarán, Murillo und Valdés Leal. *Di 14.30–20.30, Mi–Sa 9 bis 20.30, So 9–14.30 Uhr | Plaza del Museo, 9 | Eintritt für EU-Bürger frei*

PLAZA DE ESPAÑA
Ein kurzer Spaziergang hinaus aus dem Herzen der Altstadt führt südlich zum *Parque de María Luisa,* der für die Iberoamerikanische Ausstellung 1929 angelegt wurde. Inmitten des Parks liegt unwirklich wie eine Filmkulisse die Plaza de España, abgeschlossen von einem prächtigen halbrunden Bau, dessen Außenwände Kachelbilder mit Szenen aus der Geschichte der spanischen Provinzen schmücken. Auf den Bänken zu ihren Füßen lässt sich's gut faulenzen.

PLAZA DE TOROS
Sevillas Stierkampfarena *Real Maestranza* aus dem 18. Jh. ist mit 14 000 Sitzplätzen die größte Andalusiens und die bedeutendste Spaniens nach der von Madrid. *Tgl. 9.30–19 (Mai bis Okt. bis 20), an Stierkampftagen 9.30–15 Uhr | Eintritt 6 Euro*

REALES ALCÁZARES ★
Die Königlichen Paläste führen Besucher beim ersten Hinsehen in die Irre: Nicht Araber ließen sie errichten, sondern der christliche Fürst Peter der Grausame (14. Jh.), der damit einst ein wahrhaft königliches Nest für sich und seine Geliebte María de Padilla schuf. Doch die Baumeister waren Mauren, gesandt von den nasridischen Herrschern aus Granada. So entstand das schönste Werk des Mudéjar-Stils, ein Märchen aus tausend und zwei Nächten. Zwischen verspielten arabischen Ornamenten finden sich immer wieder die Symbole des christlichen Spaniens: die Burg und der Löwe – doch ebenso das Motto des Nasridenkönigs in arabischer Schrift: „Es gibt keinen Sieger außer Allah." Höhepunkt im Inneren ist die *Sala de Embajadores* (Botschaftersaal) mit ihrer reich dekorierten Gewölbedecke. Aber allein die herrlichen Gärten sind den Besuch der Reales Alcázares wert: eine duftende Insel der Ruhe voller Wasserspiele und Kachelbänke inmitten der Großstadt. *April–Sept. Di–Sa 9.30–19, So 9.30–17, Okt.–März Di bis Sa 9.30–17, So 9.30–13.30 Uhr | Eintritt 7 Euro |* www.patronato-alca zarsevilla.es

REALES ATARAZANAS
Die Königlichen Schiffszeughäuser in der Nähe des Guadalquivir-Ufers gehören zu den ältesten Bauwerken der Stadt (13. Jh.). Nach der letzten Renovierung (2002) fühlen Sie sich zwischen den unverputzten Mauern mit ihren gotischen Bögen wie in einer Kathedrale des mittelalterlichen Geschäftslebens. *Sept.–Juli Di–So 9.30–14.30 und 18–20 (Okt.–März 16–18) Uhr | C/Temprado, 1 | Eintritt frei*

TORRE DEL ORO

Der Goldturm am Ufer des Guadalquivir entstand in maurischer Zeit um 1220 als Festungsturm. Das zweite Wahrzeichen Sevillas neben der Giralda war ursprünglich wohl mit vergoldeten Keramikplatten bedeckt. Heute beherbergt die Torre del Oro ein Marinemuseum. *Di–Fr 10–14, Sa/So 11–14 Uhr | Eintritt 2 Euro*

▌ESSEN & TRINKEN ▌

Eigentlich ist der Abend ja viel zu schade, um ihn in nur einem Restaurant zu verbringen. Machen Sie es wie die Sevillaner, gehen Sie auf Tapastour. Am besten ins Barrio Santa Cruz in die Straße Mateos Gago, wo die Lokale *Cervecería Giralda* und *Thebussem* gute Anlaufstationen sind. Auch in der Gegend zwischen

Macht seinem Namen alle Ehre: die Torre del Oro, der „goldene Turm"

TRIANA

Die Bewohner des Viertels westlich des Guadalquivir leben in einer eigenen Welt, aus deren Sicht Sevilla bestenfalls ein bedeutender Stadtteil jenseits des Flusses ist. In Triana steht die älteste Kirche Sevillas, die *Iglesia de Santa Ana* (1280). Ein Besuch des Viertels lohnt wegen des Nachtlebens und der Kunsthandwerkerläden.

Plaza Nueva, La Maestranza und dem Museo Bellas Artes gibt es viele nette und gute Lokale.

LA ALBAHACA

Stilvolles Restaurant in einem alten Herrenhaus im Barrio Santa Cruz, mit ruhiger Terrasse. Elegante spanische Küche. *So geschl. | Plaza Santa Cruz, 12 | Tel. 954 22 07 14 | €€€*

DER WESTEN

LOS ALCORES

Populäres Mesón in Triana. Hier essen Sie wie die Einheimischen: einfach, aber mit besten, frischen Zutaten. *Mo geschl. | C/Farmacéutico Murillo Herrera, 10 | Tel. 954 27 06 61 | €*

AZ-ZAIT

Kleine, feine Gourmetrestaurants wie das *Az-Zait* sind eine Rarität in Sevilla. Das Interieur ist ein wenig kitschig; ausgezeichnete andalusische Küche zu angemessenen Preisen. *So und im Aug. geschl. | Pl. San Lorenzo, 1 | Tel. 954 90 64 75 | €€–€€€*

CONFITERÍA LA CAMPANA

Mehr als 100 Jahre altes Café am Eingang zur Calle Sierpes. *Tgl. | C/ Sierpes, 1*

EL RINCONCILLO

Das älteste Lokal Andalusiens versorgt seine Kundschaft seit 1670. Einfach am Tresen ein Gläschen Fino genießen und schauen. Essen muss man hier nicht unbedingt. *Tgl. | C/Gerona, 40 | Tel. 954 22 31 83 | €€*

TABERNA DEL ALABARDERO

Moderne andalusische Küche in einem Stadtpalast des 19. Jhs. Luxuriös, aber mit erschwinglichem Mittagsmenü. *Tgl. | Aug. geschl. | C/Zaragoza, 20 | Tel. 954 50 27 21 | €€€*

■ EINKAUFEN

Sevillas Shoppingmeile ist die Gegend um die Calle Sierpes und die Calle Tetuán nördlich des Rathauses; in der Calle Sierpes, 87 haben sich *Victorio & Lucchino* niedergelassen, Sevillas international bekannte Modeschöpfer. Kunsthandwerk finden Sie in Triana rund um die Straßen Alfarería, Antillano und San Jorge. Für Souvenirs, zum Beispiel Kacheln im maurischen Stil, lohnt sich auch der Andenkenladen in den Reales Alcázares. Historische Azulejos (Kacheln), Fächer und andere schöne Dinge findet man in den Antiquitätenläden im Barrio Santa Cruz. Eine enorme Auswahl an historischen Azulejos zu moderaten Preisen hat *Cerámicas Antonio del Rey Fernández (C/Féria, 15).* Von dort lohnt sich ein Abstecher in den *Corral de Artesanos,* einen Hinterhof, wo Kunsthandwerker Marienfiguren schnitzen oder Bühnen für die Osterprozessionen bauen *(C/Castellar, 52).* Kulinarische Köstlichkeiten gibt es z.B. bei *Patí tó (C/Arrayán, 23)* ganz in der Nähe der schönsten Markthalle der Stadt an der Calle Féria im Stadtteil La Macarena. In der C/Féria findet donnerstagvormittags ein schöner Flohmarkt statt. Hier gibt es alles: von Haustieren bis zu Antiquitäten.

■ ÜBERNACHTEN

Fast alle Sevillaner Hotels heben ihre Preise während der Semana Santa und der Feria de Abril zum Teil bis auf das Doppelte an.

ALCÁZAR 🔊

Pension im Schatten des Alcázar, Blick auf die Kathedrale. *7 Zi. | C/Deán Miranda, 12 | Tel. 954 22 84 57 | www.pensionalcazar.com | €*

ALFONSO XIII 🔊

Eines der vornehmsten Hotels ganz Spaniens, 1928 im Mudéjar-Stil entworfen. Auch wenn Sie hier nicht übernachten: Trinken Sie wenigstens

SEVILLA

einen Kaffee in der Hotelbar mit Blick auf den Patio. *147 Zi. | C/San Fernando, 2 | Tel. 954 91 70 00 | www.westin.com/hotelalfonso | €€€*

AMADEUS

Das kleine Hotel im ehemaligen jüdischen Viertel hat nicht nur individuell eingerichtete Zimmer, die Gäste können sich auch Instrumente ausleihen und im Musikraum üben oder eines der schallisolierten Zimmer mit Klavier mieten. *14 Zi. | Farnesio, 6 | Tel. 954 50 14 43 | www.hotelamadeussevilla.com | €€*

CASA SACRISTÍA SANTA ANA

An der frisch renovierten Alameda de Hércules gibt es seit 2007 ein romantisches Boutiquehotel: ein Stadtpalast mit Stil und leichtem Hang zum Kitsch. Die Zimmer sind top, das Frühstück leider nicht. *25 Zi. | Alameda de Hércules, 22 | Tel. 954915722 | www.sacristiadesantaana.com | €€*

DOÑA MARÍA

Luxuriöses Hotel mit einem sympathischen Hang zum Kitsch. Unübertroffen: die Dachterrasse mit kleinem Swimmingpool und Blick auf die Giralda. *64 Zi. | C/Don Remondo, 19 | Tel. 954 22 49 90 | www.hdmaria.com | €€€*

EME FUSION

Das neue Luxus-Boutiquehotel gegenüber der Catedral erstreckt sich über 14 alte Stadthäuser. Das Design ist gediegen und ziemlich cool. Vier Restaurants, ein kleines Spa und eine spektakuläre Dachterrasse verwöhnen die Gäste. *63 Zi. | C/Alemanes, 5 | Tel. 954 56 00 00 | Fax 954 561000 | www.emehotel.com | €€€*

PETIT PALACE CANALEJAS

Wie bei allen Hotels der Kette Petit Palace setzt man auch im Canalejas auf die Verbindung von modernem Design und historischem Gebäude. Zimmer z.T. mit Laptops. *52 Zi. | C/Canalejas, 2 | Tel. 954226400 | Fax 954210773 | www.hthotels.com | €€*

AM ABEND

Sevilla ist berühmt für sein Nachtleben. Menschen jedes Alters genießen die laue Luft des Abends in den Bars der Straße *Mateos Gago*, gleich neben der Giralda, oder in Triana rund um die *Puente Isabel II* und in der *Calle Betis*. Junge Leute bevölkern nachts die Innenstadt zwischen den Plätzen *Alfalfa* und *Salvador* (z.B. den Pub *Sopa de Ganso*) oder das Viertel *Arenal* westlich der Avenida de la Constitución.

Alternatives Publikum zieht es in die Kneipen der *Alameda de Hércules*. Im Juli und August sind die Terrassen an der *Plaza América* im *Parque María Luisa* und am Ufer des Guadalquivir unterhalb der C/Torneo beliebt. Besonderer Trubel herrscht dann rund um die ▶▶ *Puente Isabel II*. Die schicke Jugend geht dann zum Tanzen auf die Isla de la Cartuja, in die Openairdisko ▶▶ *Antique* (Do–Sa 24–7 Uhr | C/Matemáticos Rey Pastor y Castro, s/n).

Eine Reihe von *tablaos* bieten Flamencoshows für Touristen. Die empfehlenswertesten sind *Los Gallos* (tgl. 20 und 22.30 Uhr | Plaza Santa Cruz, 11 | Tel. 954 21 69 81 | Eintritt 30 Euro | www.tablaolosgallos.com)

Die lauen Nächte machen's möglich: Szenekneipe im Barrio Santa Cruz

und *El Arenal (tgl. 20 und 22 Uhr | C/Rodo, 7 | Tel. 954 21 64 92 | Eintritt ab 36 Euro inkl. Getränk).* Es gibt aber auch noch zwei Tavernen mit gelegentlichem Flamencoprogramm nicht nur für Auswärtige: die *Casa Anselma* in Triana *(Mo–Sa 23.30–3 Uhr | C/Pagés del Corro, 49)* und der Klassiker – oft brechend voll – ★ *La Carbonería (tgl. 20–3.30 Uhr | C/Levíes, 18 | Tel. 954 21 44 60)* nördlich des Barrio Santa Cruz. Hier werden Sie es auch an Abenden ohne Vorführung nett haben.

■ AUSKUNFT ■

OFICINA DE TURISMO

Büro für Stadt und Region | Av. de la Constitución, 21–B | Tel. 954 21 00 05 | Zweigstellen im Bahnhof und im Flughafen | www.andalucia.org
  Tourismusbüros der Stadt Sevilla | C/Arjona, 28 | Plaza de San Francisco, 19 | Paseo de las Delicias, 9 |

Tel. 954 22 17 14 | www.turismose villa.org | www.turismo.sevilla.org
  Sevilla Card oder *Sevilla Card Cultura* bieten u. a. freien Eintritt in Museen, Benutzung öffentlicher Verkehrsmittel und Ermäßigungen. *1–3 Tage ab 28 Euro | www.sevillacard.es*

■ ZIELE IN DER UMGEBUNG ■

CARMONA   [128 B6]

Jeder Winkel der Stadt (28 000 Ew. | 38 km östlich von Sevilla) atmet Geschichte. Auf einem Bummel von der Puerta de Sevilla durchs historische Zentrum über die Plaza San Fernando bis zur Puerta de Córdoba stoßen Sie auf karthagische, römische, maurische und mittelalterlich-christliche Spuren im Überfluss. Vor den Toren der Stadt liegt die bedeutendste römische Grabanlage Spaniens: *Necrópolis Romana.* Manche Gräber wie die *Tumba de Servilia* gleichen unterirdischen Palästen *(Mitte Juni–Mitte*

Sept. Di–Sa 8.30–14, So 10–14, Mitte Sept.–Mitte Juni Di–Fr 9–18, Sa/So 10–14 Uhr | Avda. Jorge Bónsor, 9 | Eintritt für EU-Bürger frei).

Gute regionale Küche bietet das *Restaurante San Fernando* an der gleichnamigen Plaza *(C/Sacramento, 3 | Tel. 954 14 35 56) | €€).* Im  *Alcázar del Rey Don Pedro* (14. Jh., erbaut von Peter dem Grausamen) im Osten der Altstadt ist heute einer der schönsten Paradore Spaniens *(| 63 Zi. | Tel. 954 14 10 10 | Fax 954 14 17 12 | www.parador.es | €€€)* eingerichtet, der den Besuch mindestens für einen Kaffee lohnt.

Auskunft: *Touristeninfo im Stadttor Puerta de Sevilla | Tel. 954 19 09 55 | www.turismo.carmona.org*

ITÁLICA [127 E4]

Ein faszinierender Ruinenspaziergang erwartet Sie 10 km nordwestlich von Sevilla am Rand von *Santiponce*. 206 v. Chr. gegründet, ist Itálica die bedeutendste römische Siedlung Andalusiens. Hier wuchsen im 1. Jh. n. Chr. die späteren Kaiser Trajan und Hadrian auf. Mit der Eroberung der Iberischen Halbinsel durch die Araber ging Itálica unter. Die Ausgrabungen begannen im 18. Jh. Höhepunkte eines Besuchs sind das 25 000 Zuschauer fassende *Amphitheater* und die *Casa del Planetario* mit gut erhaltenem Bodenmosaik. *April–Sept. Di–Sa 8.30–20.30, So 9 bis 15, Okt.–März Di–Sa 9–17.30, So 10–16 Uhr | Av. Extremadura, 2 | Santiponce | Eintritt für EU-Bürger frei*

NIEBLA [126 C4]

Die arabische Stadtmauer, die den 4000-Einwohner-Ort (66 km westlich von Sevilla) umschließt, schimmert seit mehr als 800 Jahren rötlich über das flache Land am Río Tinto. Durch eines der fünf Tore, die *Puerta de Sevilla*, gelangen Sie zum *Castillo de los Guzmanes (www.castillodeniebla.com),* das in ein liebevoll gestaltetes *Stadtmuseum (Juni–Mitte Sept. tgl. 10–22, Mitte Sept.–Mai tgl. 10 bis 18 Uhr | Eintritt 4 Euro)* verwandelt wurde. Das einfache Restaurant *Las Almenas (Mo geschl. | Ctra. Huelva–Sevilla, 2 | €)* liegt im Schatten der Stadtmauer. Einzige Übernachtungs-

> PARADORES
Andalusische Luxusnächte in historischen Gemäuern

1928 wurde in der Sierra de Gredos westlich von Madrid in einem alten Jagdschloss der erste Parador eröffnet. Heute betreibt die staatliche Hotelkette über 90 Häuser, 16 davon in Andalusien. Die meisten sind untergebracht in historischen Gebäuden: Herbergen der gehobenen Kategorie zu vergleichsweise günstigen Preisen; eine Nacht im Doppelzimmer kostet 120–160 Euro; Ausreißer ist der Parador in der Alhambra von Granada (gut 280 Euro). Die angeschlossenen Restaurants bieten exquisite regionale Küche. Reservierung Deutschland: *Ibero Tours | Tel. 0211/86 41 5 20 | www.paradores.de* | Österreich: *Siesta | Tel. 01/587 96 21 | www.siesta.at* | Schweiz: *Sierra Mar | Tel. 043/211 71 33 | www.sierramar.ch* | Spanien: *Tel. 902 54 79 79 | www.parador.es*

möglichkeit ist die bescheidene Pension *Los Hidalgos (7 Zi. | C/Moro, 3 | Tel. 959 36 20 80 | €)*.

Auskunft: *Touristeninfo im Eingang zum Castillo | Tel. 959 36 22 70*

OSUNA [133 E1]

Gewaltig erhebt sich die Renaissancekirche 🌿 *La Colegiata (Mai bis Sept. tgl. 10–13.30, 16–19, Okt. bis April tgl. 10–13.30, 15.30–18.30 Uhr | Juli/Aug. So nachmittags geschl. | Eintritt 2 Euro)* über dem 18 000-Einwohner-Städtchen 91 km östlich von Sevilla. Hinter ihrer trutzigen Fassade verbirgt sich ein lichtes Inneres mit Gemälden u. a. von Ribera. Osuna, Universitätsstadt von 1549 bis 1820, strahlt noch immer den Glanz vergangener Größe aus. Im ganzen Umland bekannt ist das Restaurant *Casa Curro (Mo geschl. | Plaza Salitre, 5 | Tel. 955 82 07 58 | €)* für seine exzellente regionale Küche – mit mehr als 200 verschiedenen Tapas. In einem Barockpalast ist das edle Hotel ⭐ *El Palacio Marqués de la Gomera* eingerichtet (📶 *| 20 Zi. | C/San Pedro, 20 | Tel. 954 81 22 23 |* *www.hotelpalaciodelmarques.com* | €€), das allein jeden Umweg rechtfertigt. Keine Zimmer, sondern Gemächer warten auf den Gast, und das zu erschwinglichen Preisen – was auch für die exquisite, kreative andalusische Küche des Hotelrestaurants *La Casa del Marqués (tgl. | €€€)* gilt. Eine billige Übernachtungsalternative ist *El Caballo Blanco (13 Zi. | C/Granada, 1 | Tel. 954 81 01 84 | €)*.

Itálica bietet Ihnen eine Reise in die römische Vergangenheit

PARQUE NACIONAL
COTO DE DOÑANA ⭐ [127 D5–6]

Im Mündungsgebiet des Guadalquivir südwestlich von Sevilla können
Sie eine der wertvollsten Naturland-
schaften Europas erleben: den Nationalpark Coto de Doñana. Hinter
mächtigen Wanderdünen bieten dau-
ernd überschwemmte Landstriche,
die *marismas,* ideale Lebensbedin-
gungen für über 300 Vogelarten, vom
Purpurreiher bis zum Säbelschnäbler.
Auf 54000 ha lässt der Mensch die
Natur in Ruhe. So haben hier auch
Kaiseradler und Iberischer Luchs einen Rückzugsort gefunden. Jahrhun-
dertelang war Doñana Jagdrevier
(coto) der Mächtigen, bis Biologen in
den 1950er-Jahren den großen ökolo-
gischen Wert der Region erkannten.
Seit 1969 besteht der Nationalpark.
1994 wurde er von der Unesco zum
Welterbe der Menschheit erklärt. Im
Frühjahr 1998 brach oberhalb des
Parks ein Auffangbecken für giftige
Minenschlämme und verseuchte auf
rund 50 km Länge den Doñana-Zu-
fluss Guadiamar.

Die Ruhe Doñanas wird zweimal
täglich von röhrenden Geländebus-
sen gestört, die Besucher durch den
südlichen Teil des Parks schaukeln.
Der aufregende vierstündige Ausflug
lohnt sich *(Mai–Mitte Sept. Mo–Sa
8.30 und 17, Mitte Sept.–April Di–So
8.30 und 15 Uhr | Abfahrt im Besu-
cherzentrum Acebuche | 93 km von
Sevilla | am westlichen Rand Doña-
nas | Tel. 959430432 | 26 Euro).* Das
Infozentrum ist täglich *8–19 Uhr* ge-
öffnet *(www.donanavisitas.es | www.
donana.es).*

PLAYA DE MAZAGÓN [126 C5] Inside Tip!

Wenn die Sevillaner ans Meer fahren, dann am liebsten in die Ferien-
siedlung *Matalascañas,* Ende der
1960er-Jahre am Südwestrand des
heutigen Nationalparks Doñana an
der Costa de la Luz aus dem Boden

Pferdekutschen vor der Wallfahrtskirche von El Rocío

gestampft. Im *Parque Dunar* am Ortsrand in Richtung Mazagón erklärt das *Museo del Mundo Marino* anschaulich Aspekte des Lebens im und mit dem Meer *(Di–Sa 10–14 und 15.30–18, So 10–14 Uhr | Eintritt 5,50 Euro | www.parquedunar.com)*.

Wer den spanischen Massentourismus meiden möchte, findet nur ein kleines Stück weiter westlich, zwischen Matalascañas und Mazagón, einen 23 km langen, bis zu 120 m breiten, fast unberührten Sandstrand. Der liegt einmalig zu Füßen über 100 m hoher Sandklippen, dem Rand einer zum Stillstand gekommenen Wanderdüne. An den Strand gelangen Sie zu Fuß über einen 1200 m langen Steg durch die Düne (vom Parkplatz Cuesta Maneli an der Landstraße A 494 bei km 39 zwischen Matalascañas und Mazagón) oder über die Zufahrt zum Parador von Mazagón (115 km westlich von Sevilla). Der schöne 🔊 *Parador (63 Zi. | Ctra. A 494, km 30 | Tel. 959536300 | Fax 959536228 | www.parador.es | €€€)* etwas außerhalb von Mazagón wurde Ende der 1960er-Jahre inmitten des Pinienwaldes über dem Abhang zum Meer errichtet.

LA RÁBIDA [126 B–C4]

In dem Franziskanerkloster (92 km westlich von Sevilla) an der Mündung des Río Tinto plante Kolumbus seine Entdeckungsfahrt. Heute erinnert ein *Museum (Di–Sa 10–13, 16 bis 18.15 (Aug. 16.45–19), So 10.45–13, 16–18.15 Uhr | Eintritt mit Audioführung 3 Euro)* vor allem an die Vorgeschichte der Überfahrt. Nachbauten der Schiffe „Pinta", „Niña" und „Santa María", mit denen die Abenteurer am 3. August 1492 in See stachen, sind am Ufer des Río Tinto zu bestaunen *(Di–So 10–20 Uhr | Muelle de las Carabelas | Eintritt 3,50 Euro)*.

EL ROCÍO [127 D5]

Der berühmte Wallfahrtsort (150 Ew. | 78 km südwestlich von Sevilla) strahlt mit seinen Sandwegen und den Holzveranden vor den Häusern Wildwestcharme aus. In der schlichtweißen Wallfahrtskirche leuchten die goldenen Gewänder der Virgen del Rocío. Gleich hinterm Dorf waten Flamingos durch die *marismas*. Gute regionale Küche zu moderaten Preisen bekommen Sie im Restaurant *Toruño (Di geschl. | Plaza del Acebuchal, s/n | Tel. 959 44 24 22 | €€)*. Nebenan liegt das gleichnamige *Hotel* in der typischen Bauweise des Dorfes *(30 Zi. | Plaza del Acebuchal, 22 | Tel. 959 44 23 23 | www.toruno. es | €€ | in der Pfingstwoche erheblich teurer | Reservierung nötig)*.

> MAURISCHE WUNDER, HARTE NATUR

Im Osten erwarten Sie endlose Olivenhaine,
schneebedeckte Gipfel, Wüste – und Granada

> Der Osten Andalusiens – die Provinzen Jaén, Granada und Almería – fühlt sich manchmal vom Rest der Region vergessen. Die Hauptstadt Sevilla ist weit, die Verkehrsverbindungen sind mäßig. Besucher kommen dennoch in Scharen. Sie wollen den wertvollsten architektonischen Schatz der Maurenzeit sehen: die Alhambra in Granada.

Doch es gibt mehr zu entdecken: In der Sierra de Cazorla (Provinz Jaén) entspringt der Guadalquivir, die Le-

bensader Andalusiens, und fließt nach einigen Umwegen gen Córdoba. An seinen Ufern und weit in die Berge hinein sind Bataillone von Olivenbäumen gepflanzt – mit Recht beansprucht Jaén den Titel der Weltolivenhauptstadt. Weiter im Südosten ist das Land selbst für die anspruchslosen Olivenbäume zu karg: Der Altiplano im östlichen Teil der Provinz Granada und die Provinz Almería sind Wüstenland – faszinierend fürs

Bild: Löwenhof in der Alhambra von Granada

DER OSTEN

Auge, doch keine Freude für Ökologen. Im Kampf mit der kargen Natur haben clevere Agrarunternehmer die Küste Almerías in eine „Costa del Plástico" verwandelt. Kilometerweit ist das Land von Plastikplanen überzogen, unter denen Gemüse und Obst heranreifen, gepflegt und geerntet von Einwanderern aus Nordafrika und Osteuropa. Und schließlich erhebt sich östlich von Granada der Mulhacén, mit 3478 m höchster Berg der Iberischen Halbinsel, inmitten der Sierra Nevada, deren Skigebiete nur 40 km Luftlinie von den Stränden der Costa Tropical entfernt liegen.

ALMERÍA

[137 D5] Mit Städten wie Sevilla, Granada oder Córdoba kann sich die Provinzhauptstadt (190 000 Ew.) nicht vergleichen, trotzdem lohnt der Besuch. Die größte Attraktion der lebendigen Hafenstadt ist die Festung *Alcazaba*. Die Alt-stadt wird von der trutzigen *Kathedrale* (16. Jh.) beherrscht, in der drei Gemälde von Alonzo Cano zu sehen sind. Das Stahlmonstrum im Hafen, *El Cable Ingles* (auch „die englische Brücke" genannt), wo ab 1904 Erze auf Schiffe verladen wurden, ist heute ein Stück Industriekultur.

März Di–So 9–18.30 Uhr | Eintritt für EU-Bürger frei

■ ESSEN & TRINKEN
CASA PUGA
Allein wegen dieser typisch andalusischen Bar lohnt der Abstecher nach Almería. Die Tapas sind wunderbar und vielfältig, ebenso die Weinkarte.

Blick von der Maurenfestung Alcazaba: Tief unten liegt Almería

■ SEHENSWERTES
ALCAZABA
Die umfangreichste maurische Festung Spaniens wurde von Abd Ar Rahman III., dem ersten Kalifen von Córdoba, 955 angeordnet. Die drei mächtigen Mauerringe mit ihren ❋ Türmen ziehen sich den Stadthügel San Cristóbal (70 m) hinauf. *April–Okt. Di–So 9–20.30, Nov. bis*

Kein Wunder, dass sich das Lokal seit 1870 gehalten hat. *So geschl. | C/ Jovellanos, 7 | Tel. 950 23 15 30 | www.barcasapuga.es | €–€€*

CASA SEVILLA
Außen wie innen ist das angenehme Restaurant in warmen Rottönen gehalten. Die Küche ist klassisch andalusisch und auch ohne kreativen

Übermut sehr gut. In der Bodega lagern rund 8000 Weine. *So/Mo geschl. | C/Rueda López (Galería Comercial) | Tel. 950 27 29 12 | www.casasevilla.com | €€–€€€*

■ ÜBERNACHTEN

AM TORRELUZ II

Das Zweisternehaus liegt mitten im Altstadtzentrum. Nach der Renovierung 2004 sind die 24 Zimmer dezent modern gehalten. Wer mehr Luxus und einen Pool möchte, kann sich auch im teureren *Torreluz III* einmieten. *Plaza Flores, 3 | Tel. 950 23 43 99 | www.torreluz.com | €€*

■ AUSKUNFT

OFICINA DE TURISMO

Parque Nicolás Salmerón (an der Hafenpromenade) | Tel. 950 27 43 55 | www.almeria-turismo.org | www.turismodealme ria.org

■ ZIELE IN DER UMGEBUNG

CUEVAS DE SORBAS [137 E4]

Der Río Aguas hat sich bei *Sorbas* (60 km nordöstlich von Almería) in die Gipskarstlandschaft hineingefressen und ein phantastisches Höhlensystem entstehen lassen. Möglich sind drei geführte Entdeckungstouren unterschiedlicher Länge und Schwierigkeit *(tgl. geöffnet | Voranmeldung ein bis Tage im Voraus | Preis je nach Route 12–45 Euro | Tel. 950 36 47 04 | www.cuevasdesorbas. com).*

MOJÁCAR ✹ [137 F4]

Seit maurischen Zeiten liegen in Mojácar (6500 Ew. | 93 km nordöstlich von Almería) die weißen Häuser an den Flanken einer Anhöhe, von der sich ein weiter Blick über das Mittelmeer bietet. An der Küste, 2 km vom alten Ortskern entfernt, drängeln sich Hotels, Bars und Restaurants, aber noch nicht so massiv wie an der Costa del Sol. „Vor der Haustür" liegt ein 7 km langer Sandstrand. Ein schönes kleines Hotel im alten Ortskern mit Meerblick ist *Mamabel's.* Zimmer 1 ist ideal für jung Verliebte. Gutes Restaurant (☝ | 8 Zi. | C/Embajadores, 5 | Tel. 950 47 24 48 | www.mamabels.com | €€). Gediegener und direkt am Strand logiert man im renovierten *Parador* (☝ | 98 Zi. | Playa de Mojácar | Tel. 950 47 82 50

MARCO POLO HIGHLIGHTS

★ **Alhambra**
Der alte Königspalast der Nasriden in Granada (Seite 63)

★ **Albaicín**
Das labyrinthische Maurenviertel Granadas (Seite 62)

★ **Alpujarras**
Weiße Dörfer, verloren in den Bergen der Sierra Nevada (Seite 68)

★ **Baeza und Úbeda**
Die schönsten Renaissancestädte des Landes (Seite 71)

★ **Cazorla**
Kleine Stadt neben großem Naturpark (Seite 59)

★ **Parque Natural Cabo de Gata**
Schroffe Natur und kleine, traumhafte Strände (Seite 58)

| *www.parador.es* | €€€). Auskunft: *Oficina de Turismo* | *Plaza Nueva* | *Tel. 950 61 50 25* | *www.mojacar.es*

PARQUE NATURAL CABO DE GATA ⭐ [137 E–F 5–6]
Südlich von San José (40 km nordöstlich von Almería) führt eine Schotterpiste zu den vielleicht schönsten Stränden an der andalusischen Mittelmeerküste. Zwischen dem weiten Halbrund der *Playa de los Genoveses* und der versteckten ▶▶ *Cala Los Amarillos*, wo man ungestört nackt baden kann, erhebt sich eine Wanderdüne in der Vulkanlandschaft. Die sich anschließende ▶▶ *Playa de Monsúl* und der „Halbmondstrand" werden von einzigartigen Felsformationen gefasst, die schon für manchen Videoclip oder Kinofilm herhalten mussten (u. a. für „Indiana Jones"). Beeindruckend ist auch eine Tour, die an den stillgelegten Goldminen von Rodalquilar vorbei zum Cortijo del Fraile führt, wo sich das Drama abgespielt hatte, das Federico García Lorca in seinem Theaterstück „Bluthochzeit" verarbeitet hat.

Im verträumten Fischerdorf 🌿 *Isleta del Moro* genießt man bei wunderbarer Aussicht über die Bucht frischen Fisch oder Paella (*Restaurante Isleta del Moro* | *direkt am Hafen* | *Tel. 950 38 97 13* | €–€€). Anspruchsvolle mediterrane Küche wird im netten *La Gallineta* serviert (*Hauptstraße* | *Pozo del Los Frailes* | *Tel. 950 38 05 01* | €€– €€€). Im Tal des ehemaligen Goldgräberdorfes Rodalquilar hat der Deutsche Eckart Kost mit *El Jardín de los Sueños*, dem „Garten der Träume", eine kleine Oase geschaffen. Einige der sechs Zimmer befinden sich in ehemaligen Wasserspeichern (*Rodalquilar* | *Tel. 950 52 52 14* | *www.parque natural.com/jardin* | €€).

Auskunft: *Oficina de Turismo in San José* | *C/Correos, s/n* | *Tel. 950 38 02 99. Besucherzentrum des Na-*

Wildromantische Felsenküste am Cabo de Gata östlich von Almería

turparks Las Almoladeras | Ctra. Ca-
bo de Gata–Almería | Tel. 950 160435
| www.parquenatural.com | www.de
gata.com | www.cabodegata.net

**WESTERNSTÄDTE
BEI TABERNAS** [137 D4–5]
Die Wüste von Almería dient seit den
1960er-Jahren als Filmkulisse für Ita-
lowestern ("Spiel mir das Lied vom
Tod"), manchmal auch für deutsche
Produktionen ("Der Schuh des Ma-
nitu"). Wenn nicht gedreht wird, bieten drei Kulissendörfer Besuchern
unterhaltsame Westernspektakel.
*Parque Temático Oasis Mini Holly-
wood:* Westernstadt, Tier- und Ver-
gnügungspark: *N 340a, km 464 | tgl.
10–21, im Winter bis 19 Uhr | Eintritt
19, Kinder 9 Euro. Texas Hollywood:
N 340a, km 468 | tgl. 9–20, im Winter
bis 18 Uhr | Eintritt 16, Kinder 9,50
Euro | www.fortbravo.es. Western
Leone: A 92, km 378 | tgl. 10–20, im
Winter bis 18 Uhr | Eintritt 11, Kin-
der 6 Euro | www.westernleone.com*

CAZORLA

[131 E3] ⭐ Im hübschen Bergdorf Cazorla findet man die beste Infrastruktur,
um Touren in den größten Naturpark Spaniens zu machen, den Parque Natural
Cazorla, Segura y Las Villas. Cazorla
(9000 Ew.) im Osten der Provinz
Jaén ist eingebettet in Natur. Die
Sierra de Cazorla, an deren Rand die
beschauliche Stadt liegt, ist der
größte Naturpark Spaniens. Auf
214 000 ha ist Platz für ausgedehnte
Kiefern- und Steineichenwälder, für
Flüsse und Stauseen, für alpines
Gebirge und dürre Steppe. Auf der
A 319 fahren Sie über den 1290 m
hohen Puerto de las Palomas in den
Naturpark hinein. Unternehmen Sie
einen Spaziergang auf der Cerrada
del Utrero oder eine mehrstündige
Wandertour am Río Borosa entlang
zur Laguna de Valdeazores! Oder zur
Quelle des Guadalquivir, der nicht
weit von Cazorla entspringt. Für
Autofahrer lohnt sich die Ruta Félix
Rodríguez de la Fuente rund um den
Stausee Embalse del Tranco und für
Kunstliebhaber das Museum des Ex-
pressionisten Rafael Zabaleta in
Quesada.

■ SEHENSWERTES

Am besten lässt man das Auto im
Parkhaus unter der Plaza Mercado
stehen und erkundet den engen und
malerischen Bergort zu Fuß. Von der
schönen *Plaza de Santa María* mit
der gleichnamigen Kirchenruine
führt ein steiler Weg zum wuchtigen
Castillo de la Yedra mit einem se-
henswerten *Volkskundemuseum (Di
14.30–20, Mi–Sa 9–20, So 9–14 Uhr
| Eintritt frei).*

CAZORLA

■ ESSEN & TRINKEN ■

MESON LEANDRO
Fleisch vom Grill ist die Spezialität des rustikalen Restaurants. *Tgl. | C/ La Hoz, 3 | Tel. 953 72 06 32 | €–€€*

LA SARGA
Bestes Restaurant am Ort. Innovative regionale Küche unterhalb der Alt-

Ctra. A-372, km 53 | Tel. 956 13 30 00 | www.fuertehoteles.com | €€

MOLINO LA FARRAGA Inside Tip!
Nah der Altstadt, mitten in der Natur: eine Wassermühle als Pension. 100 m Fußweg! *Dez.–Feb. geschl. | 8 Zi. | Camino de la Hoz | Tel. 953 72 12 49 | www.molinolafarraga.com | €€*

Hoch über Cazorla thront das wuchtige Castillo de la Yedra

stadt. *Di und Sept. geschl. | Plaza del Mercado, s/n | Tel. 953 72 15 07 | €€*

■ ÜBERNACHTEN ■

BETIS
Einfaches Hostal, zentral. *9 Zi. | Pl. Corredera, 19 | Tel. 953 72 05 40 | €*

FUERTE GRAZALEMA 🔊
Lage, Ausstattung und Preis überzeugen. *77 Zi. | Baldío de los Alamillos |*

PARADOR
Traumlage im Naturpark. Charmant, da im Stil etwas angestaubt. Vom Pool aus genießt man das Bergpanorama. 24 km von Cazorla. *36 Zi. | Mitte Dez.–Feb. geschl. | Tel. 953 72 70 75 | Fax 953 72 70 77 | €€€*

■ FREIZEIT & SPORT ■

Reiten, wandern oder biken durch die Sierra, Kayaking auf dem Stausee El

Tranco oder mit dem Allrad oder Quad abseits asphaltierter Straßen fahren: Anbieter vor Ort sind z.B. *www.tierraventuracazorla.com, www.turisnat.es* und *www.cazorlaextreme nature.com*. Auskunft dazu bekommen Sie in der Touristeninformation.

■ AUSKUNFT ■■■■■■■■■

OFICINA DE TURISMO
Paseo del Santo Cristo, 19 | Tel. 953 71 01 02 | www.cazorla.es | www.turismoencazorla.com

GRANADA

 KARTE IN DER HINTEREN UMSCHLAGKLAPPE

[135 E3] Samstagabend auf der Carrera del Darro: Nachtschwärmer haben die schmale Straße erobert, Sprachschüler, Studenten, junge Spanier, Ausländer. Lachend, plaudernd oder verliebt Arm in Arm ziehen sie von Bar zu Bar. Dazwischen Touristen, die sich treiben lassen vom fröhlichen Geschiebe und von der Magie der Granadiner Nacht. Hoch über der Straße scheint die Alhambra, in weiches Scheinwerferlicht getaucht, über dem Treiben zu schweben. Und still der Festung gegenüber liegt das Labyrinth des Albaicín, des alten maurischen Viertels.

Granada (240 000 Ew.) ist lebendige Universitätsstadt und zugleich Hüterin einer kostbaren Vergangenheit. Während im Laufe des 13. Jhs. große Teile Spaniens in christliche Hand fielen, schloss Muhammad I. vom Geschlecht der Nasriden einen Pakt mit den Christen, der ihm erlaubte, in Granada ein moslemisches Königreich zu gründen. Die folgenden 250 Jahre blieb Granada eine Insel der Zivilisation im finsteren Europa des Mittelalters. Als Zeichen ihrer kulturellen Überlegenheit hinterließen die Nasriden ihren Königspalast, die Alhambra, deren Bau Muhammad I. 1238 befahl.

Doch schließlich war der Eroberungswille der Christen stärker als alle verfeinerte Lebensart: Am 2. Januar 1492 übergab Spaniens letzter moslemischer Herrscher Boabdil den siegreichen, später so genannten Katholischen Königen Isabella von Kastilien und Ferdinand von Aragón die Schlüssel seiner Stadt.

Die Alhambra ist einer der schönsten Paläste der Welt, das herausragende Denkmal des andalusischen Islam. Mehr als 2 Mio. Menschen kommen jedes Jahr, um dieses Welterbe der Menschheit zu sehen. Wer sich der Stadt von Westen nähert, ist schon verzaubert: Granada liegt auf

▶LOW BUDGET

▶ In der Jugendherberge von San José im Naturpark Cabo de Gata kann man auch ohne Jugendherbergsausweis für 12 Euro übernachten. *Calle Montemar, 7 | Tel. 950 38 03 53 | www.alberguesanjose.com*

▶ In den Bars von Granadas Studentenviertel Chena sind die Tapas-Rationen meist größer als anderswo und häufig auch noch umsonst.

▶ Das köstliche und gesunde extra-native Olivenöl der Region kann man auch direkt beim Hersteller kaufen. Dann weiß man, wo es herkommt, und spart dabei. Zum Beispiel bei *Hacienda La Laguna* in Puente del Obispo *(Camino de la Laguna)*.

685 m Höhe wohlbehütet unter den Gipfeln der Sierra Nevada, die bis in den Frühling hinein von Schnee bedeckt sind. Allein der Weg durch die verbauten Vorstädte kühlt die Begeisterung ein wenig ab, doch dieses Übel teilt Granada mit allen spanischen Großstädten. Ausführliche Informationen finden Sie im MARCO POLO Band „Costa del Sol/Granada".

■■■ SEHENSWERTES ■■■
ALBAICÍN ★

Auf dem Berg gegenüber der Alhambra, der heute vom Albaicín eingenommen wird, liegt die Keimzelle Granadas. Hier siedelten seit dem 7. Jh. v. Chr. Iberer, Römer und Westgoten. Doch erst ab dem 11. Jh., unter arabischer Herrschaft, erlangte der Ort Bedeutung. Das Viertel hat bis heute sein maurisches Gepräge behalten, auch wenn kein Gebäude aus jener Zeit mehr steht, abgesehen von den Resten der Stadtmauern und ihrer Tore. Mit der Vertreibung der Morisken (der zwangsgetauften Araber) Ende des 16. Jhs. verfielen viele Häuser; an deren Stelle baute man größere Anwesen mit maueruumstandenen Gärten, *carmen* genannt, für die der Albaicín heute berühmt ist.

Bergauf nähern Sie sich dem Herzen des Viertels, bergab geht es zurück in die Innenstadt. Mit ein wenig Entdeckergeist macht es Spaß, ziellos durch die engen Straßen zu streifen, eine Treppe ins Ungewisse zu erkunden und zwischen den weiß gekalkten Häusern hin und wieder die Orientierung zu verlieren. Muslimische Traditionen und Kultur sind hier wieder heimisch. 2003 wurde die *Mezquita Mayor* eröffnet, deren Gärten man besuchen kann. Die lebendigsten Plätze sind die *Placeta de San Miguel Bajo* und die schattige *Plaza Larga*. Vom ☀ *Mirador San Nicolás* bietet sich ein unübertroffener Blick auf die Alhambra.

> FEDERICO GARCÍA LORCA
Auf den Spuren von Spaniens großem Dichter

Im Landhaus *Huerta de San Vicente*, am Stadtrand von Granada, lebte und arbeitete Federico García Lorca von 1925 bis zu seiner Ermordung 1936. Das Haus ist mit Originalmöbeln wie zu Lebzeiten des berühmten Poeten eingerichtet *(Führungen tgl. außer Mo | Eintritt 3 Euro, Mi frei | C/Virgen Blanca, s/n | www.huertadesanvicente.com).* Wer sich auf die Spuren des Dichters begeben will, fährt nach Fuente Vaqueros (18 km westlich von Granada), wo in seinem Geburtshaus ebenfalls ein Museum eingerichtet ist *(Mo geschl. | Juli/* *Aug. nur vormittags | Eintritt 1,80 Euro | www.museogarcialorca.org).* Das Haus in Valderrubio, wo der Vater ein kleines Labor eingerichtet hatte und die Familie eine Zeit lang lebte, soll Lorca in „Yerma" und „Das Haus der Bernarda Alba" verarbeitet haben. Am Ortsrand von Alfacar (8 km nordöstlich von Granada) liegt Lorca vermutlich begraben; dort erinnert der *Parque Federico García Lorca* an die Opfer des Spanischen Bürgerkriegs (1936–39). Die *Ruta Federico García Lorca* verbindet die Lebensstationen: *www.turgranada.es.*

Sehenswert sind auch das *arabisches Bad,* das auf das 11. Jh. zurückgeht *(El Bañuelo | Di–Sa 10–14 Uhr | Eintritt frei | Carrera del Darro, 34)* sowie das *Museo Arqueológico* in der *Casa del Castril,* einem Palast aus der Renaissance *(Mi–Sa 9–20.30, Di 14.30–20.30, So 9–14 Uhr | Eintritt für EU-Bürger frei |*

gen, schmucklosen Mauern verborgen. Sie umschließen eine Anlage aus mehreren, ganz unterschiedlichen Teilen. Am westlichen Ende liegen zunächst die Reste der Alcazaba, des Festungs- und Verwaltungsbereichs. Von der  *Torre de la Vela* genießen Sie doppelten Ausblick: im Norden auf den Albaicín,

Immer was los: Straßencafé im Albaicín, der maurischen Altstadt von Granada

Carrera del Darro, 41). Im Westen schließt sich „der heilige Berg", der *Sacromonte,* an. Hier finden sich Reste der alten Stadtmauer sowie einige Höhlenwohnungen. Es ist das traditionelle Viertel der *gitanos* (Zigeuner bzw. Roma) von Granada.

ALHAMBRA ⭐
Wie ein Schatz ist das Innere der Alhambra („Die Rote") hinter mächti-

im Süden auf die Sierra Nevada. Doch das Herzstück der Alhambra sind die *Palacios Nazaríes* (Nasridenpaläste). Wer ihren Eingang durchschritten hat, erhält eine Ahnung kommender Pracht im *Mexuar* (Audienz- und Gerichtssaal) und dem *Cuarto Dorado* (Goldenen Zimmer). Daran schließt sich der erste Höhepunkt des Palastbesuchs an: der *Patio de los Arrayanes* (Myrtenhof) mit angrenzender *Sala de los Emba-jadores* (Botschaftersaal). Unter der traumhaften Artesonadodecke aus Tausenden von Zedernholzplättchen stand vermutlich der Thron der Nasriden-Könige. Weiter geht es zum *Patio de los Leones* (Löwenhof), dem beliebtesten Fotomotiv der Alhambra. Zwölf steinerne Löwen stehen in der Mitte des Hofs Hinterteil an Hinterteil unter einem runden Marmorbecken. Magische Pracht entfaltet die *Sala de los Abencerrajes:* Die Kuppel scheint ein Meer von gipsernen Waben, aus denen weißer Honig herabtropft, im Fallen erstarrt. Verschwommen spiegelt sich das Bild im zwölfeckigen Brunnen auf dem Boden des Saals wider.

Der nasridische Zauber hat ein Ende, wenn Sie den *Palast Karls V.* betreten, den dieser ab 1526 in die Alhambra hineinbauen ließ. Der kühle Renaissancebau, außen quadratisch, innen rund, beherbergt das Museum der Schönen Künste. Innerhalb der Mauern der Alhambra ist auch der stets ausgebuchte *Parador* untergebracht; in dessen Bar finden Sie kühle Ruhe. Schließlich lohnt ein Besuch der ✿ blühenden Gärten rund um den Sommerpalast *Generalife* im Rücken der Alhambra.

Ersparen Sie sich frühes Aufstehen, unnötige Warterei und vielleicht die Frustration, die Alhambra wegen begrenzter Besucherzahl (tgl. 7700) gar nicht betreten zu dürfen: Kaufen Sie Ihre Eintrittskarte im Internet unter *www.alhambra-tickets.es* oder telefonisch (8–24 Uhr) unter *902 888001* innerhalb Spaniens bzw. aus dem Ausland unter *0034/934923750* (per Kreditkarte), oder bestellen Sie

Majestätisch leuchtet die Alhambra im Abendlicht vor der Kulisse der Sierra Nevada

die Karten im Hotel. In Spanien kann man auch in den Filialen der Caixa-Bank Tickets bestellen. Karten für denselben Tag erhalten Sie an der Kasse am Eingang zur Alhambra – wenn das Kontingent nicht erschöpft ist. Einlass in die Palacios Nazaríes nur zur aufgedruckten Uhrzeit, Vormittagsbesucher müssen die Alhambra um 14 Uhr verlassen. Da das *Bono Turístico (Ermäßigungen und Gutscheine für 5 Tage | 32,50 Euro)* über ein eigenes Kartenkontingent verfügt, lohnt eventuell der Kauf der Karte. *März–Okt. tgl. 8.30–20, Nachtbesuch (Palacios Nazaríes) Di–Sa 22–23.30, Nov.–Feb. tgl. 8.30–18, Nachtbesuch Fr/Sa 20–21.30 Uhr | Eintritt 12 Euro*

CATEDRAL UND UNTERSTADT

Dicht umringt von Häusern, fehlt es der Kathedrale *Santa María de la En-*

carnación an Platz, um Betrachter mit ihrem Äußeren zu beeindrucken. Dafür bietet die erste spanische Renaissancekathedrale, Werk vor allem des Baumeisters Diego de Siloé, im Innern viel Raum. Bemerkenswert die runde *Capilla Mayor,* 22 m im Durchmesser, 45 m hoch. *April–Okt. Mo–Sa 10.45–13.30 und tgl. 16–20, Nov.–März Mo–Sa 10.45–13.30 und tgl. 16–19 Uhr | Eintritt 3,50 Euro*

Gleich neben der Kathedrale befindet sich die *Capilla Real,* wo seit 1521 die Katholischen Könige Isabella von Kastilien und Ferdinand von Aragón bestattet sind. Daneben die Grabmale ihrer Tochter Johanna der Wahnsinnigen und von deren Ehemann Philipp dem Schönen. In einem Nebensaal hängt Isabellas persönliche ==Gemäldesammlung des 15. Jhs.,== u.a. mit Meisterwerken Van der Weydens und Botticellis *Mo–Sa 10.30–13, So 11–13 und tgl. 16–19 (Nov.–März 15.30–18.30) Uhr | Eintritt 3,50 Euro | C/Oficios, 3*

`Insider Tipp`

Südlich schließt sich die *Alcaicería* mit ihren engen Gassen an. In maurischer Zeit hatten hier die Tuchhändler ihre Läden, heute findet sich hier alles, was die Souvenirindustrie zu bieten hat. Das Herz der geschäftigen Innenstadt ist die *Plaza Bib-Rambla* mit vielen Cafés. Cardenal Cisneros, der Beichtvater Isabellas, inszenierte hier 1499 eine Bücherverbrennung, der ein Großteil der arabischen Schriften von Al-Andalus zum Opfer fiel. Der *Corral de Carbón (Carrera Mariana Pineda)* ist das älteste arabische Bauwerk in Granada. Die einstige Karawanserei wurde später als Theater und Kohlenlager – daher der Name – genutzt.

MONASTERIO DE LA CARTUJA

Der Bau des Kartäuserklosters wurde 1514 begonnen, doch erst 1794 abgeschlossen. Er ist ein herausragendes Beispiel für den überbordenden spanischen Barock. *Tgl. 10–13 und 16 bis 20, Nov.–März 15–18 Uhr | Eintritt 3,50 Euro | Paseo de la Cartuja | etwas außerhalb nördlich der Innenstadt*

PLAZA ISABEL LA CATÓLICA

Das Monument auf dem Platz zwischen der Gran Vía de Colón und der C/Reyes Católicos zeigt Kolumbus im Gespräch mit Königin Isabella, die am 17. April 1492, ein Vierteljahr nach der Einnahme Granadas, ihr Einverständnis zum Aufbruch gen Westen gab.

■ ESSEN & TRINKEN

BODEGAS CASTANEDA

Eine Bar wie aus dem Bilderbuch: alte Weinfässer, Holztheke, Stierkopf und köstliche Tapas. *Tgl. | C/Almireceros, 1 | Tel. 958 22 32 22 | €*

LOS DIAMANTES

Insider Tipp

Neonlicht und kein Design und trotzdem gibt es wenig Tapasbars in Granada mit mehr Atmosphäre. Gute und reichliche Portionen. Weitere Tapasadressen in der Calle Navas. *So geschl. | Calle Navas, 26 | kein Tel. | €*

MIRADOR DE MORAYMA

In einem alten Palacio im Albaicín. Schönes Interieur mit Antiquitäten. Von der Terrasse hat man einen tollen Blick auf die Alhambra. Ökologischer Wein aus eigenem Anbau. *So Abend geschl. | Pianista García Carrillo, 2 | Tel. 958 22 82 90 | €€–€€€*

TABERNA LA TANA

Insider Tipp

So klein das Tapaslokal auch ist – seine Auswahl bester Weine ist riesig und die kleinen Speisen ein Hochgenuss. *Tgl. | C/Rosario, s/n | €–€€*

LAS TINAJAS

Eines der besten Restaurants der Stadt. Einheimische schwören auf das Traditionshaus etwas außerhalb. Gemütliche Atmosphäre, in der Bar auch leckere Tapas. *Mitte Juli–Mitte Aug. geschl. | C/Martínez Campos, 17 | Tel. 958 25 43 93 | €€–€€€*

■ EINKAUFEN

Zwischen der Kathedrale und der Plaza Bib-Rambla machen sich die Gebäude der *Alcaicería,* des alten Markts, breit, der sich heute auf Schmuck und Kunsthandwerkliches für Touristen spezialisiert hat. Ein ähnliches Angebot finden Sie auch beim Aufgang zur Alhambra in der *Cuesta de Gomérez.* Basaratmosphäre herrscht auf den Straßen *Calderería Nueva* und *Vieja* am Fuß des Albaicín mit Teestuben, Restaurants und vielen Läden.

■ ÜBERNACHTEN

BRITZ 🔊

Zentral gelegene Pension. *22 Zi. | Cuesta de Gomérez, 1 | Tel. 958 22 36 52 | www.lisboaweb.com | €*

CASA DE LOS MIGUELETES

Am Fuß des Albaicín, verborgen in einem alten Stadthaus; dezent-modernes Design in Verbindung mit rustikalem Mobiliar. Das schönste Zimmer ist die Suite im Turm. *25 Zi. | Benalúa, 11 | Tel. 958 21 07 00 | www.room-matehotels.com | €€–€€€*

GAR ANAT HOTEL PEREGRINOS

Im Interieur des historischen Stadtpalasts hat Mika Murakami Räume zu poetischen Bühnen gemacht. Wer so etwas mag, wird von dem neuen Hotel begeistert sein. *Placeta de los Peregrinos, 1 | Tel. 958 22 55 28 | www.gar-anat.es | €€ – €€€*

MACÍA PLAZA

Funktionales Zweisternehaus mitten in der Stadt. *44 Zi. | Plaza Nueva, 4 | Tel. 958 28 58 06 | www.maciahotel es.com | €€*

AC PALACIO DE SANTA PAULA

Das Luxushotel in der Nähe der Kathedrale verbindet den Prunk des 19. Jhs. mit zeitgenössischem Design. *75 Zi. | Gran Vía de Colón, 31 | Tel. 958 80 57 40 | www.ac-hotels. com | €€€*

■ FREIZEIT & SPORT

HAMAM

Modernes Bad im arabischen Stil. *Einlass tgl. 10–23 Uhr | C/Santa Ana, 16 | reservieren! | Tel. 958 22 99 78 | www.hammamspain.com | Eintritt 19 Euro, mit Massage 28 Euro (Mo–Do teilweise günstiger)*

■ AM ABEND

Rund um die *Plaza Nueva, C/Elvira* und *Carrera del Darro* ist am Wochenende viel los. Dort finden Sie Tapas- und Cocktailbars und die Diskothek *Granada 10 (C/Cárcel Baja, 10).* An der Straße zum *gitano*-Viertel Sacromonte liegt der Diskoclub ▶▶ *Camborio*. Der bekannteste und größte Nachtclub ist *Mae West (im Einkaufszentrum Neptuno | C/Perdo Antonio de Alarcón)* südlich des Zentrums.

Im Zentrum Granadas: Plaza Bib-Rambla

FLAMENCO

In den Höhlen von Sacromonte hinter dem Albaicín liegen die Flamencolokale. Zum Service gehören die Show, Abholen vom Hotel und Führung durch den Albaicín. Empfehlenswerte Bühnen: *Cueva La Rocío (tgl. 22 Uhr | Camino del Sacromonte, 70 | Tel. 958 22 71 29 | Eintritt 25 Euro), Venta El Gallo (tgl. 21.30 und 23 Uhr | Barranco de los Negros, 5 | Tel. 958 22 24 92 | Eintritt 25 Euro).*

■ AUSKUNFT

OFICINA DE TURISMO

Pta. María Pineda, 10 | C/Santa Ana, 4 (gleich neben der Plaza Nueva) | Tel. 958 24 71 28 | weitere Infostellen in der Alhambra und an der Plaza Bib-Rambla | www.turismodegrana da.org | www.granada.org | www.gra nadatur.com | www.granadainfo.com

■ ZIELE IN DER UMGEBUNG ■

ALMUÑÉCAR [135 E5]

Beliebter Badeort (27 000 Ew. | 78 km südlich von Granada) an der Costa Tropical (Mittelmeerküste der Provinz Granada). Die langen, sauberen Kieselstrände sind ziemlich verbaut; dafür lädt die Altstadt zu Spaziergängen ein. Über dem Ort liegt die maurische Festung *Castillo San Miguel*. In der Nähe befindet sich das *Archäologische Museum* mit römischen und phönizischen Funden *(Di–So 10.30–13.30, 18.30–21, im Winter 16–18.30 Uhr | Eintritt 2,30 Euro).* Sehr gut am Strand essen Sie im *Boto's (Playa San Cristóbal | Mi geschl. | Tel. 958 63 46 57 | €€).* Almuñécars schönstes Hotel ist das ♫ *Casablanca (35 Zi. | Plaza San Cristóbal, 4 | Tel. 958 63 55 75 | €).* Auskunft: *Oficina de Turismo im Palacete de la Najarra | tgl. | Avda. de Europa | Tel. 958 63 11 25 | www.almunecar.info*

ALPUJARRAS ★ [135 F4]

Verloren in der phantastischen kargen Berglandschaft der Südseite der Sierra Nevada liegen Dutzende Dörfer aus maurischer Zeit. Die Siedler brachten ihre Erfahrungen aus dem marokkanischen Atlasgebirge mit, legten bewässerte Terrassenfelder an und hinterließen eine in Andalusien einmalige Architektur. Die flachen Schieferdächer der Häuser sind mit *launa* bedeckt, einer schwarzen Erde, die das Regenwasser aufnimmt.

Ein lohnender Ausflug führt ins ✿ Tal des Poqueira (67 km von Granada) mit den drei Dörfern *Pampaneira*, *Bubión* und *Capileira*. Steile Gassen, in deren Mitte sich Regenkanäle öffnen, winden sich zwischen weißen Häusern die Berge hinauf. Besichtigen Sie in Bubión (400 Ew.) die *Casa Alpujarreña* an der Plaza Iglesia, ein Alpujarra-Haus eingerichtet wie zu Beginn des 20. Jhs.

In Capileira finden Sie das gemütliche arabisch-andalusische Restaurant *Ibero (So-Abend und Mo geschl. | C/Parra, 1 | Tel. 653 93 50 56 | €–€€).* Ein schönes Hotel am Ortsrand ist die *Finca los Llanos (40 Zi. | Ctra. de Sierra Nevada | Tel. 958 76 30 71 | www.hotelfincaloslanos.com | €€).* Auskunft in Pampaneira: *Centro de Visitantes | Plaza Libertad | Tel. 958 76 31 27 | www.nevadensis.com*

Trevélez (1480 m), 25 km weiter im Osten, nennt sich „höchstgelegener Ort Spaniens", was aber nicht stimmt. Die Bewohner sind auch überzeugt, dass ihr Schinken der beste Spaniens ist. Trevélez ist auch so schön und der Schinken echt lecker.

GUADIX [135 F3]

Weiß gekalkte Schornsteine ragen aus der braunen Landschaft, Häuserfassaden kleben an Felsen: An die 1300 Höhlenwohnungen verteilen sich über den Stadtteil Santiago in Guadix (20 000 Ew. | 58 km östlich von Granada). Schon in vorrömischen Zeiten gruben sich die Menschen hier in die Erde; heute sind die Höhlen komfortabel ausgestattet. Folgen Sie der Beschilderung „Barriada de Cuevas". Sehenswert sind auch die maurische *Alcazaba* und die *Kathedrale* (15. Jh.). Zum Essen und Übernachten bietet sich das gepflegte *Comercio (42 Zi. | C/Mira de Amezcua, 3 | Tel. 958 66 05 00 | www.hotelcomercio. com | €€)* an. Auskunft: *Oficina de Turismo | Avda. Mariana Pineda, s/n |*

Tel. 958699574 | www.guadixymar quesado.org).

Einige Höhlen wurden zu Apartments und Hotels ausgebaut. Schön gelegen und komfortabel sind die *Cuevas Abuelo Ventura* mit Blick auf die Sierra Nevada  *| Camino de Lugros, 20 | Tel. 958664050 | www. cuevasabuelaventura.com | €€).*

jedem Apartmenthaus immer mehr ihren Charme. Oben in der Altstadt liegt mit schöner Dachterrasse das Restaurant ❋ *Pesetas (Mo geschl. | C/Bóveda, 11 | Tel. 958 61 01 82 | €),* spezialisiert auf gegrillten Fisch. Ein gepflegtes Hostal am Fuß der Altstadt: ❋ *Hostal Jayma (13 Zi. | C/Cristo, 24 | Tel. 958 61 02 31 |*

Capileira, eines der berühmten weißen Dörfer der Sierra Nevada

SALOBREÑA [135 E5]

Das weiße Dorf (12000 Ew. | 62 km südlich von Granada) liegt auf einem kleinen Felsmassiv an der Costa Tropical. Enge, steile Straßen winden sich zwischen blumengeschmückten Häusern den Berg hinauf, der von einem ❋ arabischen *Castillo* (13. Jh.) gekrönt ist. Rundum wächst Zuckerrohr, doch die Ebene bis zum Strand verliert mit jedem neuen Hotel und

www.hostaljayma.com | €). Auskunft: *Oficina de Turismo | Plaza Goya, s/n | Tel. 958 61 03 14 | www. ayto-salobrena.org*

SIERRA NEVADA [135 E–F4]

Im „Verschneiten Gebirge" bei Granada erheben sich die höchsten Berge des spanischen Festlands, der Mulhacén (3482 m) und der Pico de Veleta (3398 m). Hier findet sich nicht nur

JAÉN

Europas südlichstes Skigebiet, sondern auch der größte Nationalpark Spaniens. Dessen 86 000 ha sind nochmals von einem Naturpark umgeben. Hier sind u. a. Steinböcke und

Oliven sind hier ein Grundnahrungsmittel

Adler zu Hause. Außerhalb des geschützten Bereichs kann man sich je nach Jahreszeit und Laune das Passende aussuchen: Ski- oder Mountainbike fahren, wandern, reiten, klettern, Allradtouren unternehmen. Auskunft und Kartenmaterial im Infozentrum des Nationalparks: *Centro de Visitantes El Donajo | Juni–Sept. tgl. 10–14.30 und 16.30–19.30, Okt. bis Mai tgl. 10–14 und 16–18.30 Uhr | A 395 nach Pradollano, km 23 | Tel. 958 34 06 25 | www.nevadensis.com*

JAÉN

[130 B4] Die Provinzhauptstadt (116 000 Ew.) liegt wie ein Tor zu Andalusien auf einer Anhöhe vor der Sierra de la Pandera. Aus dem Gassengewirr der arabisch geprägten Altstadt ragt die *Renais-*

sancekathedrale hervor *(tgl. 8.30–13 und 16–19 Uhr | Eintritt 2,10 Euro).* Die ruhige Altstadt hat ein arabisches Bäderhaus aus dem 11. Jh. Es befindet sich in den Gewölben des *Palacio Villardompardo,* in dem ein Volkskundemuseum und eine Sammlung für naive Malerei untergebracht sind *(Di–Sa 8.45–21.30 | Nov.–Jan. bis 20.30, So 9–14.45 Uhr | Eintritt frei).* Die beste Sammlung Iberischer Kunst in Spanien besitzt das *Museo de Jaén (Paseo de la Estación, 29 | Di 14.30–20.30, Mi–Sa 9–20, So 9 bis 15 Uhr | Eintritt für EU-Bürger frei).* Über der Stadt thront das ursprünglich von den Arabern errichtete ❄ *Castillo de Santa Catalina.* Von dort aus hat man den Blick auf das, was Jaén berühmt gemacht hat: Oliven. Endlos reiht sich Baum an Baum.

■ ESSEN & TRINKEN

CASA ANTONIO
Das beste Restaurant der Stadt. Klassische und kreative *cocina alta.* Die Preise sind der Qualität angemessen. *So-Abend geschl. | C/Fermín Palma, 3 | Tel. 953 27 02 62 | €€€*

■ ÜBERNACHTEN

PARADOR DE JAÉN ☊
Im Castillo de Santa Catalina ist ein schönes Parador-Hotel untergebracht. Auch das Restaurant im Rittersaal ist empfehlenswert. *45 Zi. | Castillo de Santa Catalina | Tel. 953 23 00 00 | www.parador.es | €€€*

■ AUSKUNFT

OFICINA DE TURISMO
C/Arquitecto Berges, 1 | Tel. 953 22 27 37 | www.promojaen.es

ZIELE IN DER UMGEBUNG

BAEZA UND ÚBEDA ⭐

46 bzw. 54 km nordöstlich von Jaén und nur ca. 8 km voneinander entfernt liegen die beiden schönsten Renaissancestädte Spaniens, die von der Unesco zum Welterbe erklärt wurden.

In *Baeza* (**[130 C3]** 16 000 Ew.) tauchen Sie rund um die Plätze Santa Cruz und Santa María in eine andere Welt ein. Die alte *Universität*, der *Palacio de Jabalquinto* und die *Kathedrale* sind die herausragenden Gebäude der Altstadt. Nahebei liegt die Plaza del Pópulo mit der *Antigua Carnicería* (alte Fleischerei), die heute das Stadtarchiv beherbergt. Gut essen können Sie im *Vandelvira*: In einem ehemaligen Renaissancekloster kreiert Küchenchefin María Salomé Delgado regionale Köstlichkeiten *(So/Mo geschl. | San Francisco, 14 | Tel. 953 74 81 72 | €€).* Das beste Olivenöl der Region gibt's in der *Casa de Aceite (Paseo de la Constitución, 9).* Zum Übernachten bietet sich die ⓐ *Hospedería Fuentenueva* an: Das alte Frauengefängnis ist heute ein farbenfrohes Hotel *(13 Zi. | C/Carmen, 15 | Tel. 953 74 31 00 | www.fuentenueva. com | €€).* Auskunft: *Plaza del Pópulo | Tel. 953 74 04 44 | www.baeza turismo.es*

Wenn Sie in *Úbeda* (**[131 D3]** 34 000 Ew.) den Schildern zum Parador folgen, landen Sie an der Plaza Vázquez de Molina, umringt von architektonischer Pracht des 16. Jhs.: *Palacio de las Cadenas,* Kirche *Santa María de los Reales Alcázares,* Kornspeicher *Antiguo Pósito, Capilla del Salvador,* Adelspalast des *Deán Ortega,* in dem ein Parador untergebracht ist. An der Capilla del

Salvador vorbei gelangen Sie zur ☀ Plaza Santa Lucía, von der aus Sie über endlose Olivenhaine blicken. Einen Besuch wert sind die Töpferwerkstatt *Alfarería Tito (Pl. del Ayuntamiento, 12)* und das Werkstattmuseum *Paco Tito (C/Valencia, 12).* Ein kleines, exquisites Hotel ist das ⓐ *Palacio de la Rambla (8 Zi. | Pl. del Marqués, 1 | Tel. 953 75 01 96 | www. palaciodelarambla.com | €€).* Auskunft: *C/Baja del Marqués, 4 | Tel. 953 75 08 97 | www.ubedainteresa.com*

Reich verzierte Fassade des Palacio de Jabalquinto in Baeza

> KLEINE FLUCHTEN AUS DEN BETTENBURGEN

Das liebste Ziel des Massentourismus. Doch nicht nur die Strände locken, auch das Hinterland hat seine Reize

> **Sonne, Sand und Meer ziehen Jahr für Jahr Millionen von Besuchern aus aller Welt an die Strände der Costa del Sol (weitere Informationen finden Sie im Marco Polo Band „Costa del Sol/Granada") und der Costa de la Luz zwischen Nerja und Sanlúcar de Barrameda.**

Doch der wahre Reiz des andalusischen Südens mit den Provinzen Cádiz und Málaga liegt jenseits der großen Hotelburgen. In der Sierra de Grazalema verkörpern die hinreißen-

den Weißen Dörfer den Traum vom maurischen Süden. Mit ihrer wilden Schönheit kann nur das romantische Ronda auf dem gespaltenen Felsplateau mithalten. Der Beiname „de la Frontera", den viele Dörfer hier tragen, erinnert an die Zeit der Reconquista, der christlichen Rückeroberung, als sich im umkämpften Süden die Grenzen zwischen christlichem und maurischem Spanien ständig verschoben.

Bild: Nerja an der Costa del Sol

DER SÜDEN

CÁDIZ

[132 A4] ★ Ganz Cádiz (135 000 Ew.) ist am frühen Abend auf dem Campo del Sur oder der Alameda de Apodaca unterwegs, um die Seeluft und die letzten Sonnenstrahlen über dem Meer zu genießen. Die älteste Stadt Europas (im 11. Jh. v. Chr. von Phöniziern gegründet) ist an drei Seiten vom Atlantik umgeben und zum Wasser hin mit einem Mauerring befestigt. Nur im Westen liegt davor ein kleiner Strand. Innerhalb der Mauern prägen barocke Fassaden das Bild. Es wird viel saniert; Cádiz' Charme wächst von Jahr zu Jahr.

■ SEHENSWERTES ■

CASTILLO DE SANTA CATALINA ☀
Festung aus dem 16. Jh. mit sternförmigem Grundriss am Westufer der Stadt *(tgl. 10–19.45 Uhr | Eintritt frei)*. Nördlich liegt der kleine romantische *Parque Genovés.*

CÁDIZ

Die mächtige Kathedrale beherrscht die Silhouette der Altstadt von Cádiz

CATEDRAL

Die Kathedrale aus Sandstein, Jaspis und Marmor (1722–1838, barocke und klassizistische Elemente) leuchtet in der Sonne. Spaniens bedeutendster Komponist, der in Cádiz geborene Manuel de Falla (1876 bis 1946), liegt in der Krypta begraben. Im Eintrittspreis für die Kathedrale ist der Besuch des *Museo de la Catedral* in der Casa de Contaduría an der Plaza Fray Félix eingeschlossen *(Mo bis Fr 10–18.30, Sa 10–16.30, So 13 bis 16.30 Uhr | Eintritt 5 Euro)*. Von der *Torre de Poniente* (Westturm) haben Sie einen prächtigen Blick über die Stadt. *Mitte Juni–Mitte Sept. 10 bis 20, sonst 10–18 Uhr | Eintritt 4 Euro*

HOSPITAL DE MUJERES

Im barocken ehemaligen Frauenhospital sind zwei schöne, grüne Innenhöfe zu besichtigen. In einer Seitenkapelle hängt das El-Greco-Gemälde „Die Ekstase des San Francisco". *Mo–Sa 10–13, Mo–Fr 17–20.30 Uhr | C/Hospital de Mujeres, 26 | Eintritt frei*

MUSEO DE CÁDIZ

Archäologie und Kunst in einem Haus. Zu den Schätzen gehören zwei Sarkophage aus phönizischer Zeit (5. Jh. v. Chr.), eine in der römischen Siedlung Baelo Claudia gefundene Trajan-Statue und Gemälde von Francisco de Zurbarán. *Di 14.30–20, Mi bis Sa 9–20.30, So 9.30–14.30 Uhr | Pl. de Mina, s/n | Eintritt für EU-Bürger frei*

ORATORIO DE LA SANTA CUEVA

Gotteshaus (17. Jh.) mit anrührend schlichter Passionskapelle im Untergeschoss und monumental klassizistischer Kapelle im Obergeschoss. *Di–So 10–13, Di–Fr 16.30–19.30 Uhr | C/Rosario, 10A | Eintritt 2,50 Euro*

ORATORIO DE SAN FELIPE NERI

Eine der schönsten Barockkirchen Andalusiens. Ihre Grundform ist elliptisch. Durch die Kuppelfenster fällt flirrend das Tageslicht ein. Hier versammelten sich 1811/12 die *Cortes* (Parlament), um die erste liberale Verfassung Spaniens zu entwerfen. Auf der Plaza España erinnert ein Denkmal an das schnell erstickte Aufkeimen der Demokratie. *Bis 2012 wegen Restaurierung geschl. | Plaza San Felipe Neri*

TORRE TAVIRA ☼

Der Aussichtsturm erhebt sich 45 m über das Meer. Eine Camera obscura bringt bewegte Bilder aus den Gassen auf eine Leinwand. *Mitte Juni bis Mitte Sept. tgl. 10–20, sonst 10–18 Uhr | C/Marqués del Real Tesoro, 10 | Eintritt 4 Euro*

ESSEN & TRINKEN

EL ALJIBE

In einem liebevoll restaurierten Adelssitz ist ein urgemütliches Restaurant entstanden. Moderne Küche zu moderaten Preisen. *Tgl. | C/Plocia, 25 | Tel. 956 26 66 56 | €€–€€€*

LA GORDA TE DA DE COMER ▶▶

Insider Tipp

Das Tapasrestaurant mit dem seltsamen Namen („Die Dicke gibt dir zu essen") ist ein beliebter Treffpunkt; ein Ort mit Charme und günstigem

Essen in der Altstadt. *C/General Luque, 1 (zweites Restaurant in der C/ Marqués de Valdeiñigo, 4) | Tel. 956 28 94 93 | €*

VENTORRILLO DEL CHATO

Eines der besten Restaurants der Stadt. 2 km außerhalb des Zentrums an der Straße Richtung San Fernando. *So geschl. | Vía Augusta Julia, s/n | Tel. 956 25 00 25 | €€€*

EINKAUFEN

Neben der Plaza de las Flores mit ihrem Blumenmarkt steht der *Mercado Central,* das klassizistische Marktgebäude. Das kulinarische Angebot ist verführerisch.

ÜBERNACHTEN

CANALEJAS ☽

Hostal im Zentrum, 2004 eröffnet. TV und Klimaanlage. Günstige Einzelzimmer. *16 Zi. | C/Cristóbal Colón, 5 | Tel. 956 26 41 13 | €–€€*

HOSPEDERÍA DE LAS CORTES ☽

Stilvolles Altstadthaus in der Nähe der Plaza España. Dezent moderne und geräumige Zimmer. Sonnenterrasse, Fitnessraum und Sauna. *36 Zi. | San Francisco, 3 | Tel. 956 22 37 22 | www.hotellascortes.com | €€*

MARCO POLO HIGHLIGHTS

⭐ **Die Weißen Dörfer**
Glänzende Perlen zwischen mächtigen Bergen
(Seite 97)

⭐ **Ronda**
Eine Stadt hält die Balance
(Seite 91)

⭐ **Museo Picasso**
Málagas Hommage an seinen größten Sohn
(Seite 83)

⭐ **Cádiz**
Altstadt mit feinsandigem Strand (Seite 73)

PARADOR 🏊

Modernes Haus zwischen Castillo Santa Catalina und Parque Genovés. *149 Zi. | Av. Duque de Nájera, 9 | Tel. 956 22 69 05 | Fax 956 21 45 82 |* €€€

STRÄNDE

Die nur 450 m lange *Playa de la Caleta* liegt am westlichen Ende der Altstadt. Die größere *Playa de la Victoria* (2500 m) findet sich an der Südseite der Landzunge, die Cádiz mit dem Rest Andalusiens verbindet. An beiden Stränden ist der Sand fein und das Wasser sauber.

AUSKUNFT

OFICINA MUNICIPAL DE TURISMO

Paseo de Canalejas, s/n | Tel. 956 24 10 01 | www.cadizturismo.es | www.cadiz.es

CONIL DE LA FRONTERA

[132 B5] 🌦 **An der Plaza de España drängt sich der Verkehr durch die Puerta de la Villa an den Füßen der Straßencafégäste vorbei.** Conil (20 500 Ew.) an der

>LOW BUDGET

> Umsonst ins Internet einwählen kann man sich auf den zentralen Plätzen von Cádiz und Jerez de la Frontera.

> Halten Sie in Cádiz Ausschau nach einer *Freiduería,* dort gibt es frittierten Fisch günstig auf die Hand.

> Bis Ende 2010 kann man im britisch verwalteten Gibraltar noch steuerfrei einkaufen.

Costa de la Luz, einst Rucksacktouristen und Sprachschülern vorbehalten, ist längst von den Reiseveranstaltern entdeckt worden und versucht langsam, ein bisschen schicker zu werden. Davon ungerührt gehen die Bewohner weiter ihren Geschäften nach, was den Reiz des Ortes ausmacht. Das Beste: der kilometerlange, mehr als 250 m breite Sandstrand. Im Westen liegen die *Calas del Cabo de Roche,* kleine Sandbuchten zwischen steilen Felswänden.

ESSEN & TRINKEN

LA FONTANILLA

Schön gelegenes, populäres Strandrestaurant mit Meeresspezialitäten. *Juli/Aug. tgl., Okt.–Mai Mi geschl., Sept. geschl. | Playa de la Fontanilla, s/n | Tel. 956 44 07 79 |* €€

ÜBERNACHTEN

FLAMENCO 🏊

Nach der Komplettrenovierung in 2008 ist das Hotel attraktiver denn je. Wunderbare Lage etwas oberhalb vom Strand Fuente del Gallo. *114 Zi. | Urbanización Fuente del Gallo, s/n | Tel. 956 44 07 11 | www.hipotels. com |* €€ – €€€

EL PÁJARO VERDE

Einfache, aber wunderbar gelegene Pension direkt am Strand der Siedlung El Palmar. Restaurant mit ökologischer Küche. *Dez.–Feb. geschl. | El Palmar | Tel. 956 23 21 18 | www. elpajaroverde.com |* €

AUSKUNFT

OFICINA DE TURISMO

C/Carretera, 1 | Tel. 956 44 05 01 | www.coniledelafrontera.es

▮ZIELE IN DER UMGEBUNG▮

MEDINA SIDONIA [132 C4]

Wer die Plaza de la Iglesia Mayor hoch oben in der Stadt (11 000 Ew. | 37 km nordöstlich von Conil) über ständig steiler steigende Gassen erreicht hat, wird bald mit einem Blick über die halbe Provinz Cádiz belohnt. Nur noch die Stufen des ❀ Kirchturms der *Iglesia Santa*

kann. Ein schönes Stadthotel: *Medina Sidona (34 Zi. | Plaza Llanete de Herederos, 1 | Tel. 956412317 | www.tugasa.com | €€)*. Tourismusbüro: *C/San Juan | Tel. 956412404 | www.turismomedinasidonia.com*

NMAC KUNSTPARK [132 C5] Insider Tipp

In einem Hain mit Pinien, Korkeichen und Ölbäumen sind Skulpturen

Abendstimmung am Stadtstrand von Cádiz, der Playa de la Caleta

María la Coronada (Eintritt 2,50 Euro) aus dem 16. Jh. hinauf und dort die Aussicht bis zum Atlantik und bis zur Sierra de Grazalema genießen, deren weiße Dörfer wie verschneite Gipfel leuchten. Die Einheimischen treffen sich an der Plaza España, z.B. im Restaurant *Cádiz (Plaza España, 13 | Tel. 956410250 | €)*, wo man auch draußen essen

internationaler Künstler wie Olafur Eliasson, Gregor Schneider oder Sol Lewitt aufgestellt – ein einzigartiges Landschaftsmuseum der Stiftung Montenmedio Arte Contemporáneo (NMAC). *Tgl. 10–14 und Mo–Fr 17–20.30, im Winter 10–14.30 und 16–18 Uhr | Eintritt 5 Euro | an der N 340, km 42,5 zwischen Tarifa und Vejer | www.fundacionnmac.org*

JEREZ DE LA FRONTERA

VEJER DE LA FRONTERA [132 B5]

Vejer (12 800 Ew. | 16 km südöstlich von Conil) ist die weiße Schönheit Andalusiens, weithin sichtbar an einem 200 m hohen Hügel erbaut. Patios voller Blumentöpfe, schwarz gekleidete Witwen, Azulejos, und auf der palmenbestandenen Plaza España vier Wasser speiende Frösche. Das ursprünglich maurische *Castillo* liegt mitten im Ort, dort lohnt sich ein Streifzug durch den Kunsthandwerkerladen *Nuestra Artesanía* im Hof.

Im Restaurant *El Jardín del Califa* (im Sommer So-Mittag, im Winter Di geschl. | Plaza de España, 12 | Tel. 956 45 17 06 | €€) genießt man arabisch inspirierte Küche auf einer lauschigen Terrasse oder im romantischen Gewölbe. Auch das dazugehörige Hotel  *Casa del Califa* überzeugt mit hellen und stimmungsvollen Zimmern *(26 Zi. | Tel. 956 45 16 25 | www.lacasadelcalifa.com | €–€€)*. In einem ehemaligen Kloster befindet sich das rustikale Hotel *Convento de San Francisco (25 Zi. | La Plazuela, s/n | Tel. 956 45 10 01 | www.tugasa.com | €€).* Auskunft: *Oficina Municipal de Turismo | Casa de la Cultura | C/Remedios, 2 | Tel. 956 45 17 36 | www.turismovejer.com*

JEREZ DE LA FRONTERA

[132 B3] Jerez (200 000 Ew.) zeigt sich auf seiner Calle Larga (der Langen Straße): Die einen sitzen auf den etwas zu teuren Terrassen, einen Fino oder ein Bier in der Hand, die anderen flanieren fein angezogen übers Pflaster. Jerez ist berühmt für seinen Wein, den die Ausländer Sherry nennen – eine Verballhornung des Stadtnamens –, und bekannt für seine edlen Pferde und seine Flamencotradition. Vor allem aber ist Jerez eine Überraschung: eine Stadt von sonniger Eleganz, der verschwiegenen Plätze und in Schönheit ergrauter Monumente. Jerez ist aber auch die

Wasser speiende Frösche an der Plaza España von Vejer de la Frontera

Stadt mit hoher Arbeitslosigkeit, die Stadt der Tagelöhner ebenso wie die der feinen Herren. Jerez ist Andalusien, im Guten wie im Schlechten.

Steuern Sie mit dem Auto am besten die zentrale Tiefgarage Plaza El Arenal an. Die Anfahrt ist recht gut beschildert. Wegweiser in Richtung Innenstadt *(centro ciudad)* sind rar.

■ SEHENSWERTES ■

ALCÁZAR

Enorme Festungsanlage mit massigen Türmen, während der Almohaden-Herrschaft (12. Jh.) erbaut. Im Innern arabische Bäder, eine kleine Moschee und der *Palacio de Villa-vicencio* (18. Jh.), der das Flair maurischer Zeiten aus den Mauern vertrieben hat. *Mo–Sa 10–20 (Mitte Sept.–April 10 bis 18), So 10–15 Uhr | Eintritt 3, mit Camera obscura 5,50 Euro*

BODEGAS

Die berühmten Weinkellereien bieten Führungen durch ihre Anlagen an, auch auf Deutsch. Eine telefonische Voranmeldung ist dringend empfohlen. Eine Auswahl:

Domecq (Mo–Fr stdl. 10–13, April bis Sept. auch Sa 12 Uhr | Eintritt 7 Euro | C/San Ildefonso, 3 | Tel. 956 15 15 00 | www.bodegasfundadorpedrodomecq.es). González Byass (Tío Pepe | dt. Führungen Mo–Sa 12.15, 14, 17.15 (Okt.–Mai 16.15) Uhr | Eintritt 10 Euro | C/Manuel María González, 12 | Tel. 956 35 70 00 | www.bodegastiopepe.com). Sandeman (dt. Führungen Mo, Mi, Fr 11, 12, 13 (April–Nov. zusätzl. 14.30), Di, Do 10.30, 12.15, 14.15, Sa 12, 13.30 Uhr | Eintritt 6 Euro | C/Pizarro, 10 | Tel. 956 31 29 95 | www.sandeman.com).

Kellermeister in Jerez

LA CARTUJA

Vor den Toren der Stadt, an der Straße nach Algeciras, liegt das 1476 gegründete Kloster. Das Juwel sakraler Baukunst war bis ins 19. Jh. hinein wegen seiner Pferdezucht berühmt. *Nur während der Messe geöffnet: Di–Sa 8 und Mo–Sa 17.30 Uhr*

CATEDRAL

Mit ihrer imposanten Treppe, dem frei stehenden Glockenturm und dem Stilgemisch aus gotischen, barocken und klassizistischen Elementen ist die im 18. Jh. erbaute Kathedrale ein einzigartiger Sakralbau. *Tgl. 11–13 | Eintritt frei*

CENTRO ANDALUZ DE FLAMENCO

In einem Stadtpalast aus dem 18. Jh. ist das wichtigste Forschungszentrum zum Thema Flamenco in Spanien untergebracht. *Mo–Fr 9–14 Uhr | Plaza San Juan, 1 | Eintritt frei*

IGLESIA DE SAN DIONISIO

Kirche des Stadtpatrons (15. Jh.) in der lokalen Spielart des Mudéjarstils *(Eintritt nur zu Gottesdienstzeiten).* Vor der Kirche liegt die Plaza Asunción, einer der schönsten Plätze der Stadt, an den auch das Alte Rathaus *(Cabildo Antiguo, 16. Jh.)* grenzt.

s/n. | Tel. 956 31 80 08 | www.reales cuela.org | Eintrittskarten (18–24 Euro) gibt's auch im Reisebüro.

■ ESSEN & TRINKEN ■

BAR JUANITO

Die berühmteste Tapasbar von Jerez im Zentrum der Stadt, nicht ganz bil-

Interessanter Stilmix: die Kathedrale von Jerez de la Frontera

REAL ESCUELA ANDALUZA DE ARTE ECUESTRE

Eine „Reiterphantasie" im Stil des 18. Jhs. verspricht die Königlich-Andalusische Schule der Reitkunst während ihrer knapp zweistündigen Schau. *Di und Do (Aug. auch Fr) 12 Uhr | Besichtigung mit Trainingsvorführung (10 Euro) Mo, Mi, Fr 11 bis 12.30 Uhr | Avda. Duque de Abrantes,*

lig. *So geschl. | C/Pescadería Vieja, 8/10 | Tel. 956 33 48 38 | €€*

LA CARBONA

In einer Halle, in der früher Kohlen gelagert wurden, lässt sich's heute elegant speisen. Spezialität ist Fleisch vom Grill. Gute Weinkarte. *So/Mo geschl. | C/Santa Paula, 2 | Tel. 956 34 74 75 | €€–€€€*

> **www.marcopolo.de/andalusien**

EL GALLO AZUL

Einen Sherry trinken, die Tapas probieren und den Menschen zuschauen, die durch die Fußgängerzone hasten: Ohne im „Blauen Hahn" gewesen zu sein, sollte man Jerez nicht verlassen. Das Restaurant im Obergeschoss ist eher teuer. *So geschl.* | *C/Larga, 2* | *Tel. 956 32 61 48* | €–€€

EL PATIO

Insider Tipp

In der Calle San Francisco de Paula gibt es gleich mehrere gute Restaurants. Das *El Patio* ist familiär-gemütlich. Speisen der Region. *So/Mo geschl.* | *C/Santa Paula, 7* | *Tel. 956 34 07 36* | €€

■ EINKAUFEN

Große Auswahl an Sherry, aber auch Kunsthandwerk in der *Casa del Jerez (C/Divina Pastora, 1* | *Local 3* | *gegenüber der Reitschule).*

■ ÜBERNACHTEN

CHANCILLERIA 🔊

Ein kleines, sympathisches und helles Altstadthotel wie dieses hat man bisher in Jerez vermisst. Mit netter Dachterrasse und dem schicken Restaurant *Sabores.* 14 *Zi.* | *C/Chancilleria, 21* | *Tel. 956 30 10 38* | *www.hotel chancilleria.com* | €€

FÉNIX 🔊

Insider Tipp

Eine ruhige Seitenstraße im Zentrum, saubere, schöne und gut ausgestattete Zimmer für wenig Geld, was will man mehr? 16 *Zi.* | *C/Cazón, 7* | *Tel. 956 34 52 91* | *www.hostalfenix.com* | €

HOTEL PALACIO GARVEY 🔊

Im Zentrum, in einem Stadtpalast des 19. Jhs., liegt das neue Hotel. Viel Glas, modernes Mobiliar, große, lichte Räume. 16. *Zi.* | *Pl. Rafael Rivero* | *Tornería 24* | *Tel. 956 32 67 00* | *www.sferahoteles.com* | €€–€€€

■ AM ABEND

TABLAO LAGÁ DE TÍO PARRILLA

Eine der besten Flamencobühnen Andalusiens. *Aufführungen Mo–Sa ab 22.30 Uhr,* seien Sie aber mindestens eine Stunde vorher da. Statt Eintritt kostet das erste Getränk nach Beginn der Show 18 Euro. *Plaza del Mercado, s/n* | *Tel. 956 33 83 34*

■ AUSKUNFT

OFICINA MUNICIPAL DE TURISMO

Alameda Cristina | *Tel. 956 33 88 74* | *www.turismojerez.com*

■ ZIELE IN DER UMGEBUNG

EL PUERTO DE SANTA MARÍA   [132 B4]

Die Stadt an der Mündung des Río Guadalete (85 000 Ew. | 14 km südwestlich von Jerez) ist beliebtes Sommerziel der Spanier. Sie kommen wegen der Strände und der Meeresfrüchte – rund um die Ribera del Marisco drängen sich die Restaurants. In der Altstadt mit Adelspalästen aus dem 17. und 18. Jh. lässt es sich wunderbar flanieren. Mittendrin stehen die Burg *San Marcos* (13. Jh.) und die *Iglesia Mayor Prioral* aus dem 15. und 17. Jh.

Osborne, die Bodega mit dem Stier, liegt in der *C/Moros, 7* (dt. *Führungen Mo–Fr 12.30 Uhr* | *Eintritt 7,50 Euro* | *Tel. 956 86 91 00).* Das Restaurant *A Poniente* wird von dem Ausnahmekoch Angel León geführt und lohnt den Umweg (*So-Abend und Mo geschl.* | *Puerto Escondido, 6* | *Tel. 956 85 18 70* |

Insider Tipp

€€–€€€). Die bezaubernde Apartmentanlage mit Hotel *Los Jándalos* (📶 | *18 Zi., 43 Apt.* | *C/Amparo Osborne* | *Tel. 956 87 34 11* | *www.jandalos.com* | *€€€)* liegt in der Siedlung *Vistahermosa.*

Auskunft: *Oficina de Turismo* | *C/Luna, 22* | *Tel. 956 54 24 13* | *www. elpuertosm.es*

SANLÚCAR DE BARRAMEDA   [132 A3]

Prinz Alfons von Hohenlohe, den die Einheimischen der Einfachheit halber „Olé-Olé" nannten, ließ in Sanlúcar (64 000 Ew. | 22 km nordwestlich von Jerez) an der Mündung des Guadalquivir eine edle Feriensiedlung erbauen – wegen der wunderschönen Lage gegenüber dem Nationalpark Doñana. Informationen über den Park bekommen Sie im *Centro de Visitantes (Fábrica de Hielo | Bajo de Guía, s/n | Tel. 956 38 16 35).* Einen Parkbesuch mit Fahrt über den Guadalquivir organisiert *Cristóbal Anillo S. L.* neben dem Besucherzentrum (*tgl. 10, April/Mai, Okt. auch 16, Juni–Sept. auch 17 Uhr* | *Tel. 956 36 38 13* | *www.visitasdonana.com* | *Ausflug 16,20 Euro).* Dort am Fluss finden Sie auch eine Reihe rustikaler Fischrestaurants. Ein Klassiker ist die *Casa Balbino* mit mehr als 50 leckeren Tapas *(Plaza del Cabildo, 11* | *Tel. 956 36 05 13* | *€–€€).* Ein Spaziergang durch die Altstadt *(Barrio Alto)* führt zum *Rathaus* im nachempfundenen Mudéjarstil des 19. Jhs., zur Kirche *Nuestra Señora de la O* (14. Jh.) und dem *Castillo de Santiago* (15. Jh.). Genießen Sie an der *Plaza del Cabildo* einen Manzanilla, die Sherryspezialität des Ortes. Ein andalusischer Traum ist die *Posada*

So schnell geht hier niemand ins Bett: Plaza del Cabildo in Sanlúcar de Barrameda

de Palacio im Stadtzentrum *(30 Zi. | C/Caballeros, 11 | Tel. 956364840 | www.posadapepalacio.com | €€–€€€).*

Auskunft: *Oficina de Turismo | Calzada del Ejército | Tel. 956 366110 | www.turismosanlucar.com*

MÁLAGA

KARTE IN DER HINTEREN UMSCHLAGKLAPPE

[134 B–C5] Jahrzehntelang ist die zweit-größte Stadt Andalusiens (560 000 Ew.) vernachlässigt worden. Gesichtslose Büro- und Wohnblocks umzingelten die Innenstadt und verdrängten auch im historischen Zentrum viele Altbauten. Eine neue Stadtverwaltung erkannte in den 1990er-Jahren das Problem und packte es an. Málaga macht sich. Die Sanierung der Altstadt hat Fortschritte gemacht. Immer mehr Straßen sind Fußgängern vorbehalten. 2003 hat auch das lang ersehnte *Picasso-Museum* seine Pforten geöffnet, das zumindest einen Teil der Millionen Urlauber, die jedes Jahr die Costa del Sol bevölkern, nach Málaga locken soll. Um noch mehr Besucher vom Charme der Stadt zu überzeugen, wurde das nächste Großprojekt in Angriff genommen: die Neugestaltung des Hafens und die Öffnung der Stadt zum Meer.

■ SEHENSWERTES ■

ALCAZABA

Die maurische Festungsanlage aus dem 11. Jh. soll einst schöner als die Alhambra von Granada gewesen sein. Doch die frühere Pracht ist vergangen, geblieben ist die Erinnerung an vergangene Größe. *Di–So 8.30 bis 19 | im Sommer 9.30–20 Uhr | Eintritt 2,10 Euro, Alcazaba und Gibralfaro 3,45 Euro*

CASA NATAL PICASSO

Ein Wohnhaus an der Plaza de la Merced am Rand der Altstadt, in dem Picasso als kleiner Junge einmal gelebt haben soll, wurde zu seinem Geburtshaus erklärt. Es beherbergt heute die Picasso-Stiftung und kleines Museum, das sich vor allem mit den Jugendjahren des Künstlers befasst. *Tgl. 9.30–20 Uhr, an Feiertagen geschl. | Pl. de la Merced, 15 | www. fundacionpicasso.es | Eintritt 1 Euro*

CATEDRAL

La Manquita, die kleine Einarmige, nennen die Malagueños ihre Kathedrale. Der Bau zog sich über 250 Jahre (1528–1783) hin, dann hatten die Bürger genug von den ewigen Sondersteuern für den Prachtbau – er wurde ohne den geplanten zweiten Turm beendet. *Mo–Fr 10–18, Sa 10 bis 17 Uhr | Eintritt 3,50 Euro*

GIBRALFARO ✷

Auf einem Hügel über der Stadt thront die zweite maurische Festung Málagas, mit der Alcazaba durch einen mauerumschlossenen Gang, die *Coracha,* verbunden. Ein schöner Fußweg führt neben der Coracha den Hügel hinauf. Der Besuch des Gibralfaro (14. Jh.) lohnt wegen des Blicks über ganz Málaga und seinen Hafen. *Di–So 9–17.45, im Sommer bis 19.45 Uhr | Eintritt 2,10 Euro*

MUSEO PICASSO ★

Das Picasso-Museum in Málaga ist ein Muss für alle Picasso-Freunde und ein lohnendes Ziel für alle, die sich über den Maler noch keine Meinung gebildet haben. Schwiegertochter Christine Ruiz Picasso und ihr Sohn Bernard haben dem Museum mehr als 200 Werke aus allen Schaffensperioden gespendet oder als Dauerleihgaben zur Verfügung gestellt. Untergebracht ist die Samm-

Echtes vom Meister im Museo Picasso

lung in dem schön restaurierten und erweiterten *Palacio de Buenavista. Di–Do, So 10–20, Fr/Sa 10–21 Uhr | C/San Agustín, 8 | www.museupicas somalaga.org | Eintritt 6 Euro*

■ ESSEN & TRINKEN ■

ANTIGUA CASA DE GUARDIA

Die urigste Bodega Málagas seit 1840. Guter Wein, frische Meeresfrüchte. *Tgl. | Alameda Principal, 18 | €*

CAFÉ NEGRO

Stylische Cafébar am römischen Amphitheater, gut für Cocktails, Kaffee

und kleine Speisen. *Tgl. | Alcazabilla, 9 | Tel. 952 22 17 06 | €–€€*

CAFÉ DE PARIS

Feinschmeckerlokal im Stadtteil La Malagueta östlich des Hafens. Küchenchef José Carlos García genießt mit seinen ambitionierten Kreationen internationalen Ruf. *So/Mo geschl. | Vélez-Malaga, 8 | Tel. 952 22 50 43 | €€€*

CITRÓN ▶▶   Insider Tipp

Sympathisches Barrestaurant mit internationaler Küche – eine Mischung aus Künstlercafé, Restaurant und Bar. Günstiges Tagesmenü. *Tgl. 13.30–0.30 Uhr | Plaza Merced, 10 | Tel. 952 22 63 99 | €–€€*

TABERNA EL PIMPI

Legendäres Tapasrestaurant in der Nähe des Picasso-Museums. Zuletzt drehte hier Antonio Banderas Szenen für seinen Film „El Camino de los Ingleses". *Tgl., Mo nur abends | C/Granada, 68 | Tel. 952 22 89 90 | €€*

■ ÜBERNACHTEN ■

JUANITA 🔊

Kleines, gepflegtes, ruhiges Hostal in der Innenstadt. Viele Zimmer mit Gemeinschaftsbad. *14 Zi. | C/Alarcón Luján, 8 | Tel. 952 21 35 86 | €*

PARADOR 🔊

Schöner Luxus neben dem Castillo Gibralfaro. *38 Zi. | Castillo de Gibralfaro, s/n | Tel. 952 22 19 02 | Fax 952 22 19 04 | €€€*

ROOM MATE LOLA 🔊   Insider Tipp

Das 2006 eröffnete Designhotel kommt praktisch ohne Farben aus.

Die Räume, die Möbel – fast alles hat der Designer Lorenzo Castillo in Weiß gehalten. Cool und schick. In der Innenstadt. *50 Zi. | Casas de Campos, 17 | Tel. 952 57 93 00 | www.room-matehotels.com | €€ – €€€*

FREIZEIT & SPORT

EL HAMMAM

Traumhaftes türkisches Bad in der alten Judería von Málaga. Ein teurer Luxus, aber auch ein wunderbarer! *Tgl. 10.30–22 Uhr | Voranmeldung empfehlenswert | C/Tomás de Cózar, 13 | Tel. 952 21 23 27 | www.elhammam. com | Bad 20 Euro, Massage 30 Euro*

AM ABEND

Málagas turbulentes Nachtleben spielt sich rund um die *Plaza de la Merced* (z. B. in der *Bar Flor de Lis in der Hausnr. 18)* und die *Calle Beatas* (z. B. in der Diskothek *Liceo in der Hausnr. 21)* ab, im Sommer auch an den Strandbars im Stadtteil Pedregalejo (hier z. B. beliebt: *Chiringuito Miguelito*).

AUSKUNFT

OFICINA MUNICIPAL DE TURISMO

Plaza de la Marina, s/n (Zweigstelle Av. Cervantes, 1) | Tel. 952 12 20 20 | www.malagaturismo.com

OFICINA DE TURISMO DE LA JUNTA DE ANDALUCÍA

Pasaje de Chinitas, 4 | Tel. 951 30 89 11

ZIELE IN DER UMGEBUNG

ANTEQUERA   [134 B4]

Ein Ausflug in die Vorgeschichte. Etwas außerhalb von Antequera (45 000 Ew. | 50 km nördlich von Málaga) liegen die *Dólmenes de Menga y Viera* (2500 v. Chr.) und der *Dólmen del Romeral* (1800 v. Chr.),

> BLOGS & PODCASTS
Gute Tagebücher und Files im Internet

> *http://de.youtube.com/watch?v= W0zK_taILzM&feature=related* – Die Arte-Serie *Spanien unter dem Halbmond* ist in mehreren Folgen abrufbar. Eine fundierte und spannende Vorbereitung für Kulturinteressierte.

> *http://www.einfallsreich.tv* – Kurzfilme zum Einstimmen (Stichwort „Andalusien").

> *http://faz-community.faz.net/ blogs/sancho/default.aspx* – FAZ-Korrespondent Paul Ingendaay schreibt über seine Wahlheimat – ein literarisches Vergnügen!

> *http://www.espanien.de/blog* – Dirk Baranek übersetzt und fasst aktuelle Berichte aus den spanischen Medien zusammen

> *www.turismosevilla.tv* – Das TV-Portal des Toursimusamts von Sevilla zeigt gut gemachte Filmbeiträge zur Semana Santa, typische Fiestas, Museen u. a. Einige Beiträge sind auch auf Englisch abrufbar.

> *http://podcast.spanisch-live.de/–* Spanisch lernen und dabei noch etwas über Flamenco oder den Karneval in Cádiz erfahren.

Für den Inhalt der Blogs & Podcasts übernimmt die MARCO POLO Redaktion keine Verantwortung.

aus tonnenschweren Felsen errichtete Ganggräber der Megalithkultur, einmalig gut erhalten *(Di–Sa 9–18, So 9.30–14.30 Uhr | Eintritt frei)*. Südlich der Stadt geht es zum *Torcal de Antequera,* einer phantastischen Kalksteinlandschaft. Auf einem einstündigen Rundwanderweg *(Ruta*

952 70 65 33 | € – €€*)*. Zum Übernachten bietet sich der 2008 komplett neu gestaltete, moderne Parador an *(60 Zi. | Paseo García del Olmo | Tel. 952 84 02 61 | www.parador.es | €€€)*. Auskunft: *Oficina Municipal de Turismo | Plaza de San Sebastián, 7 | Tel. 952 70 25 05 | www.antequera.es*

Beeindruckende Megalithgräber: die Dólmenes de Menga y Viera in Antequera

Verde) durchkreuzen Sie die Felskegelversammlung.

Auch die Altstadt von Antequera mit ihren großartigen Barockkirchen lohnt einen Spaziergang: am besten von der Plaza San Sebastián hinauf zur Plaza del Portichuelo und weiter zum ✺ *Castillo Árabe* und der *Real Colegiata de Santa María.* An der Plaza de Santa María liegt das Restaurant *El Escribano* mit Sonnenterrasse und regionalen Spezialitäten *(So-Abend und Mo geschl. | Tel.*

GARGANTA DEL CHORRO   [134 A4]

58 km nordwestlich von Málaga liegt die Garganta del Chorro oder *Desfiladero de los Gaitanes,* eine spektakuläre Schlucht, vom Guadalhorce durchflossen. Anfahrt von Álora nach El Chorro, dann Richtung Ardales. Der Fußweg durch die Schlucht *Caminito del Rey* (Königsweglein) ist wegen schlechten Zustands geschlossen. Hinter El Chorro lohnt sich ein Abstecher zu den *Ruinen von Bobastro* mit einer Kapelle aus dem

9. Jh. (sobald das Schild „Iglesia Mozárabe 300 m" auftaucht, anhalten und den Rest zu Fuß gehen). In *Ardales* gibt es eine Höhle mit 24000 Jahre alten Felszeichnungen *(www. cuevadeardales.com)*. Anmeldung: *Oficina de Turismo (Ardales | Avda. de Málaga, 1 | Tel. 952 45 80 46)*.

LAGUNA DE LA FUENTE DE PIEDRA   [134 A–B4]

Tausende von brütenden Flamingos sehen Sie von März bis Juli auf dem flachen Salzwassersee Fuente de Piedra, 69 km nordwestlich von Málaga.

TORREMOLINOS   [134 B6]

Kaum vorstellbar, dass diese Stadt vor einem halben Jahrhundert noch ein beschauliches Dorf war. Dicht drängen sich Hotel- und Apartmentanlagen sowie gut 300 Bars, Restaurants und Diskos an den 7 km langen Stränden. Wer hierher kommt, sucht keine Sehenswürdigkeiten – die gibt es auch nicht –, sondern Sonne, Strand, Spaß und Unterhaltung. Torremolinos (60000 Ew. | 13 km westlich von Málaga) ist eine gut funktionierende Urlaubsmaschine, die ein Drittel des gesamten Hotelangebots der Costa del Sol bereit hält. Wer bei dem enormen Restaurantangebot nicht weiß wohin, sollte sich erst einmal in Richtung *La Carihuela* bewegen. Im alten Fischerviertel werden die beliebten *pescaítos fritos* angeboten, gegrillter oder frittierter Fisch. Etwas abseits vom Rummel und 300 m vom Strand La Carihuela entfernt liegt das empfehlenswerte Hotel *La Luna Blanca (9 Zi. | Pasaje Cerrillo, 2 | Tel. 952 05 37 11 | www. hotellalunablanca.com | €€–€€€)*.

Auskunft: *Oficina de Turismo | Pl. Bals Infante, 1 (Zweigstelle Pl. Independencia) | Tel. 952 37 95 11 | www. ayto-torremolinos.org | www.visite torremolinos.com*

MARBELLA

[134 A6] **Es ist noch nicht lange her, dass Marbella (126 000 Ew.) Spaniens unbestrittene Hauptstadt des Jetsets war – bis ihr Mallorca den Rang ablief.** Die Atmosphäre ist immer noch mondän, wenn auch nicht überall mit gutem Geschmack verbunden. Vor dem Riegel der Hotel- und Apartmentblocks liegt ein schöner breiter Sandstrand. Dahinter das alte Dorf, weiß und voller Blumen. Mittendrin die Plaza de los Naranjos mit ihrem achteckigen Marmorbrunnen und dem Rathaus aus dem 16. Jh. 6 km westlich liegt der Yachthafen *Puerto Banús* mit sehr teuren Restaurants, Geschäften und Diskotheken.

▮▮▮ ESSEN & TRINKEN ▮▮▮

ALTAMIRANO

Es ist laut, der Fernseher läuft, und das Interieur ist keine Zeile wert. Den Gästen geht es trotzdem gut, was bei den leckeren Fischgerichten nicht verwundert. *Mi geschl. | Plaza Altamirano, 4 | Tel. 952 82 49 32 | €*

CALIMA

Womöglich das beste Restaurant Andalusiens. Chefkoch Dani García liebt die Kontraste und kocht auch gerne mal mit flüssigem Stickstoff. Avantgardeküche vom Feinsten. *So/ Mo sowie Dez.–April geschl. | C/ José Meliá | Tel. 952 76 42 52 | www. restaurantecalima.com | €€€*

EL GALLO

Auch das gibt's noch in Marbella: ein Restaurant mit einfacher und guter andalusischer Küche zu fairen Preisen. Das Restaurant liegt in der Altstadt in der Nähe der Kirche Santo Cristo und gehört zu einem ebenfalls empfehlenswerten Hostal. *Do geschl. | C/Lobatas, 46 | Tel. 952 82 79 98, | €*

MESÓN DEL MUSEO

Feines Restaurant am Rathausplatz. Phantasievolle moderne Küche. Mit Glück erwischen Sie einen Tisch auf dem Balkon zum Platz. *Mo und Nov.–Feb. geschl. | Pl. de los Naranjos, 11 | Tel. 952 82 56 23 | €€€*

SKINA

Mini-Gourmetrestaurant in der Altstadt. Andalusisch inspirierte *alta cocina,* sehr teuer und sehr gut. *Nur abends, So geschl. | C/Aduar, 12 | Tel. 952 76 52 77 | €€€*

Immer angesagt: Flanieren im Yachthafen

■ ÜBERNACHTEN ■

EL FUERTE

Komfortables Spa-Hotel direkt am Strand, 2006 teilrenoviert. *263 Zi. | Av. El Fuerte, s/n | Tel. 952 86 15 00 | www.fuertehoteles.com | €€€*

GUERRA

Familiäres Hostal, nur 2 Min. vom Strand entfernt. *6 Zi. | C/Llanos de San Ramón, 2 | Tel. 952 77 42 20 | €*

MARBELLA CLUB

Ras renommierteste Haus am Platz. Mit der luxuriösen Bungalowanlage begann die Jetsetzeit Marbellas in den 60er-Jahren. *121 Zi., 14 Villen | Bulevar Principe von Hohenlohe | Tel. 952 82 22 11 | www.marbella club.com | €€€*

LA MORADA MÁS HERMOSA

Minihotel mit individuellen Zimmern, manche auf zwei Ebenen, geschmackvoll, gemütlich. Besonders schön sind das Turmzimmer oder Zimmer 2 mit eigener Dachterrasse und Zitronenbaum. *6 Zi. | C/Montenebros, 16 | Tel. 952 92 44 67 | www. lamoradamashermosa.com | €–€€*

■ AM ABEND ■

In Marbella gibt es ein unüberschaubares Angebot an Bars, Pubs und Diskotheken mit Tendenz zum Schickimicki. Junge Leute treffen sich in der Altstadt rund um die Straßen *Peral* und *Mesoncillo,* auf der *Plaza de los Olivos* oder in der *C/Pantaleón.* Einer der beliebtesten Läden der Altstadt ist das ▶▶ *Town House* in der *C/Álamo.* Wer es gern ruhiger hat, findet in der *C/Camilo José Cela* viele Bars. Das Nachtleben der Schö-

Malerisch kleben die weißen Häuser von Casares am Berg

nen und Reichen spielt sich in Puerto Banús ab, z.B. in der Diskothek ▶▶ *Dreamer's (Ctra. de Cádiz, km 175).*

■ AUSKUNFT ■

OFICINA DE TURISMO
Am Strand: *Glorieta de la Fontanilla, s/n | Tel. 952 77 14 42.* Im Rathaus: *Pl. de los Naranjos, 1 | Tel. 952 82 35 50. www.marbella.es/turismo*

■ ZIELE IN DER UMGEBUNG ■

CASARES [133 E4]
Weißes Postkartendorf (4500 Ew. | 56 km westlich von Marbella), wie hingewürfelt in die Sierra Bermeja, von einem maurischen ☀ Castillo (13. Jh.) gekrönt, an der Plaza España eine Reihe von Restaurants. Unweit liegt das kleine *Hotel Casares (20 Zi. | C/Copera, 20 | Tel. 952 89 52 11 | www.hotelcasares.com | €).* Auskunft: *Oficina de Turismo | C/Villa, 29 | Tel. 952 89 55 21 | www.casares.es*

MIJAS [134 B6]
Die Schönheit des Ortes (65 000 Ew. | 31 km östlich von Marbella) zieht Tagesausflügler in Scharen an. Bleiben Sie eine Nacht im Hotel *Mijas (204 Zi. | C/Tamisa, 2 | Tel. 952 48 58 00 | www.trhhoteles.es | €€–€€€)* und klettern am frühen Morgen zum ☀ *Santuario de la Virgen de la Peña* hinauf, einer Wallfahrtskirche aus dem 16. Jh. Machen Sie Ihren Kindern eine Freude, und lassen Sie sie eine Runde Eseltaxi fahren *(Abfahrt Plaza Virgen de la Peña | 10–22, im Winter 10–18 Uhr | ab 10 Euro).* Auskunft: *Oficina de Turismo | Plaza Virgen de la Peña | Tel. 952 58 90 34 | www.mijas.es*

NERJA

[135 D5] **Schönes Städtchen (21 000 Ew.) an der östlichen Costa del Sol. Aber auch hier liegen Sie im Sommer wie Fisch in der**

Dose. Auf einem Felsvorsprung hoch über dem Meer ist mitten im Ort der ✳ *Balcón de Europa* angelegt, ein begrünter Platz, auf dem sich Einheimische und Besucher nach Sonnenuntergang von der Hitze des Tages erholen. Unten gibt es ein paar romantische kleine Buchten zwischen den Felsen zu entdecken, die über einen aufregenden Fußweg miteinander verbunden sind. Der endet zu Füßen des Paradors an der etwas größeren Playa de Burriana im Osten des Ortes.

■ SEHENSWERTES

CUEVA DE NERJA

Trotz Musikberieselung und breiter Betonwege bleibt in der 4 km langen Tropfsteinhöhle Raum zum Staunen. Jedes Jahr im Juli findet im Innern ein Musikfestival statt. *Tgl. 10–14, 16 bis 18.30, Juli/Aug. durchgehend bis 19.30 Uhr | Eintritt 8,50 Euro | www. cuevadenerja.es*

■ ESSEN & TRINKEN

CASA LUQUE

Rafael Luque zeigt, wie innovativ traditionelle andalusische Küche sein kann. Toll die Degustationsmenüs. *So-abends und Mi geschl. | Plaza Cavana, 2 | Tel. 952 52 10 04 | €€€*

EL REFUGIO

Fisch und Paella, dazu biologisch angebautes Gemüse aus dem eigenen Garten. *Nur abends, So geschl., Juli/ Aug. auch mittags | C/Diputación, 12 | Tel. 952 52 41 39 | €–€€*

UDO HEIMER

Das Restaurant des Deutschen (nördlich des Zentrums) ist sympathisch

und exquisit. Die Kreationen von Chefköchin Montserrat Mayor sind ein Genuss. *So-abends sowie Mo–Mi geschl. | C/ Andalucía, 27 | Tel. 952 52 00 32 | €€€*

■ ÜBERNACHTEN

MAR AZUL

Gemütliches Hostal nahe der Playa de la Torrecilla. Die meisten Zimmer mit Blick aufs Meer. *10 Zi. | Avda. Mediterráneo, 12 | Tel. 952 52 41 91 | www.hostalmarazul.com | €–€€*

PARADOR 🔊

Zimmer mit Balkons zum Meer. Fahrstuhl zum Strand. *73 Zi. | C/Almuñécar, 8 | Tel. 952 52 00 50 | Fax 952 52 19 97 | €€€*

PARAÍSO DEL MAR 🔊 | Insider Tipp

Liebevoll luxuriös eingerichtet, mit Blick übers Meer. *18 Zi. | Prolongación de Carabeo, 22 | Tel. 952 52 16 21 | www.hotelparaisodelmar.es | €€*

■ AUSKUNFT

OFICINA DE TURISMO

C/ Carmen, 1 | Tel. 952 52 15 31 | www.nerja.org

■ ZIEL IN DER UMGEBUNG

FRIGILIANA   [135 D5]

Nur 6 km nördlich von Nerja vergessen Sie für einen Tag die Costa del Sol. Je höher Sie die schmalen Gassen des durch und durch weißen Ortes (2800 Ew.) emporklimmen, desto mehr fühlen Sie sich in maurische Zeiten zurückversetzt. Essen mit Aussicht gibt es im ✳ *El Mirador (Di geschl., Juni–Aug. nur abends | C/Santo Cristo, 29 | Tel. 952 53 32 91 | €€).* Eine einfache, aber ordentliche

Phantasiegebilde: Cueva de Nerja

Pension ist *Las Chinas (7 Zi. | Plaza Capitán Cortés, 14 | Tel. 952 53 30 73 | www.hotel-laschinas.com | €)* mit gutem Restaurant. Auskunft: *Oficina de Turismo | Cuesta del Apero | Tel. 952 53 42 61 | www.frigiliana.es*

RONDA

[133 E3] ⭐ **Das romantische Ronda (36 000 Ew.) liegt auf einem Felsplateau, dessen Wände bis zu 165 m in die Tiefe fallen. Getrennt wird die Stadt durch eine tiefe Schlucht (spanisch: *tajo*).** Der *Puente Nuevo*, ein spektakuläres Meisterwerk der Baukunst des 18. Jhs., ist die Nahtstelle zwischen dem alten Ronda (*La Ciudad* genannt, die Stadt) und dem heute nicht mehr ganz neuen Teil *(El Mercadillo,* der kleine Markt) nördlich des Tajo, der ab dem 16. Jh. entstand. Die Römer und vor allem die Mauren, die hier erst 1485 von den Katholischen Königen besiegt wurden, hinterließen ihre Spuren, doch das heutige, das romantische Ronda, ist das Ronda des 18. Jhs., das schon Rainer Maria Rilke während seines Aufenthalts im Winter 1912/13 begeisterte.

■ SEHENSWERTES ■

BAÑOS ÁRABES

Große arabische Badeanlage aus dem 13./14. Jh., am Fuß der Schlucht gelegen, nahe der Puente San Miguel. *Mo–Fr 10–18, Sa/So 10–15 Uhr | Eintritt 3 Euro*

IGLESIA SANTA MARÍA LA MAYOR

Die Hauptkirche Rondas liegt am schönsten Platz der Stadt, der mit Schatten spendenden Palmen und Lorbeerbäumen bestandenen Plaza Duquesa de Parcent. Der Eingangsraum öffnet sich nach einer Seite zur reich verzierten Gebetsnische der Moschee, die früher an diesem Ort stand. In der Kirche, erbaut nach der christlichen Eroberung Rondas, stoßen Gotik und Renaissance wenig versöhnlich aufeinander. *Juni–Sept. tgl. 10–20, Okt.–Mai tgl. 10–18 Uhr | Eintritt 4 Euro*

LA MINA

Der Stadtpalast *Casa del Rey Moro* (18. Jh.) am Rande des Tajo ist etwas heruntergekommen, aber er hat's in sich. Von den Gärten führt ein aufwändiges Treppensystem, das ein maurischer König im 14. Jh. ins Innere des Felsens treiben ließ, 60 m in die Tiefe hinab. Diese *Mina de Agua* (Wassermine) war Brunnen und Verteidigungsanlage zugleich *(April bis Okt. tgl. 10–20, sonst bis 18.30 Uhr | Eintritt 4 Euro).*

PALACIO DE MONDRAGÓN
Einer der schönen Stadtpaläste Rondas mit Innenhöfen im Mudéjarstil. Heute ist hier das *Museo Municipal* (Städtisches Museum) untergebracht mit Nachbauten von steinzeitlichen Gräbern und Höhlen *(Mo–Fr 10–18, Sa/So 10–15 Uhr | Eintritt 3 Euro).* Nahe dem Palacio liegt die Plaza del Campillo, von der aus Sie über den Camino de los Molinos in die Ebene hinabsteigen können: ❈ Unten haben Sie den schönsten Blick auf das berühmte Ronda-Panorama.

PLAZA DE TOROS
Die Stierkampfarena (1785) ist die älteste Spaniens und die einzige mit komplett überdachten Sitzreihen, die in zwei Stockwerken ein ungewöhnlich großes Rund umgeben. Zur Arena gehört das *Museo Taurino,* das in die Geschichte des Stierkampfs

einführt. *April–Sept. tgl. 10–20, Okt.–März tgl. 10–18 Uhr | Eintritt 6 Euro | www.rmcr.org*

PUERTA DE ALMOCÁBAR
Das Hufeisentor (13. Jh.) am südlichen Ende der Ciudad ist ein Rest der maurischen Stadtbefestigung. Daneben ließen die Katholischen Könige die in ihrer Einfachheit durchaus schöne Kirche *Espíritu Santo* (1505) bauen. *Mo–Sa 10 bis 13.30, 15.30–18 Uhr | Eintritt 1 Euro*

■ ESSEN & TRINKEN
FAUSTINO
Sympathische Tapasbar mit einfachen und anständigen Gerichten im Restaurantbereich für 6 Euro. Sehr beliebt und immer gut besucht. *Mo geschl. | C/Santa Cecilia, 4 | Tel. 952 19 03 07 | €*

PEDRO ROMERO
Schon seit Jahren ist das klassisch rustikale Restaurant eine Institution. Andalusische Hausmannskost, die aber richtig gut. *Tgl. | Virgen de la Paz, 18 | Tel. 952 87 11 10 | €€ – €€€*

Inside Tip!

Die Puente Nuevo („Neue Brücke") verbindet die beiden Stadtteile von Ronda

TRAGABUCHES

Im minimalistischen Interieur genießt man außergewöhnliche Kreationen der modernen spanischen Küche. Benito Gómez ist auch für die Küche des Tapasrestaurants *Tragatapas (C/Nueva)* verantwortlich. *So abends und Mo geschl.* | *C/José Aparicio, 1* | *Tel. 952 19 02 91* | €€€

■■■ ÜBERNACHTEN ■■■■
MOLINO DEL ARCO 🐚

Das Richtige zum Relaxen. Schönes Landhotel in ehemaliger Ölmühle, 8 km vom Zentrum. Die Zimmer sind licht und nicht zu rustikal, die Suiten ein Traum. Garten mit Pool. *14 Zi.* | *Partido de los Frontones, s/n (A 374 Richtung Sevilla)* | *Tel. 952 11 40 17* | *www.hotelmolinodelarco. com* | €€–€€€

PARADOR ☀ 🐚

Das einstige Rathaus (19. Jh.) mit Blick auf den Puente Nuevo gehört zur Kette der staatlichen Paradores. *78 Zi.* | *Plaza de España, s/n* | *Tel. 952 87 75 00* | *Fax 952 87 81 88* | *www. parador.es* | €€€

RONDA 🐚

Insider Tipp

Etwas oberhalb der Casa del Rey Moro findet sich das familiengeführte Minihotel. Das Frühstück wird auf die ansprechend modernen Zimmer serviert. *5 Zi.* | *Rueda Doña Elvira, 12* | *Tel. 952 87 22 32* | *www.ho telronda.net* | €–€€

VIRGEN DEL ROCÍO

Nette, gut ausgestattete und günstige Pension in der Altstadt. *15 Zi.* | *C/Nueva, 18* | *Tel. 952 87 74 25* | *el rocio@ronda.net* | €

■■■ AUSKUNFT ■■■■
OFICINA DE TURISMO

Paseo de Blas Infante, s/n | *Tel. 952 18 71 19* | *www.turismoderonda.es*

■■■ ZIELE IN DER UMGEBUNG ■■■
CUEVA DE LA PILETA   [133 E3]

Die in vorgeschichtlichen Zeiten bewohnte Tropfsteinhöhle 27 km südwestlich von Ronda birgt 27 000 Jahre alte Felszeichnungen. *Einstündige Führungen tgl. 10–13, 16 und 17 Uhr* | *Eintritt 8 Euro*

GAUCÍN   [133 D4]

Das gemütliche weiße Dorf (2000 Ew.) in der Serranía de Ronda haben vor allem Engländer für sich entdeckt. Hier lässt es sich gut ein paar Tage ausspannen, z. B. im Hotel *Casa-blanca* (9 Zi. | Ende Okt.–März geschl. | C/Teodoro de Molina, 12 | Tel. 952 15 10 19 | www.casablanca-gaucin.com | €€€).

Insider Tipp

Ein stilvolles Restaurant in einem alten Weinkeller ist *La Fructuosa (Semana Santa–Okt. an 5 Abenden in der Woche, Dez.–Semana Santa Fr bis So (nur abends), Nov. geschl.* |

C/Convento, 67 | Tel. 952 15 10 72 |
www.lafructuosa.com | €€), das auch
 5 Zimmer *(€€)* mit Blick bis
Afrika vermietet. Noch besser ist der
Blick vom *Castillo de Águila,*
das im späten 9. Jh. erbaut wurde
*(tgl. 10–13.30 und 16–19.30 Uhr).
Auskunft: Oficina del Turismo | Pa-
seo Ana Toval | Tel. 952 15 10 00 |
www.gaucin.es*

TARIFA

[133 D6] **Tarifa (17 600 Ew.) wurde be-
nannt nach dem Berberführer Tariq ibn
Ziyad, der 710 n. Chr. erstmals die Straße
von Gibraltar überquerte und damit die Eroberung Iberiens vorbereitete.** Die Atmosphäre schmeckt ein wenig nach
Goa und Australien, versetzt mit einem kräftigen Schuss maurischer
Vergangenheit. Hier, am südlichsten
Zipfel Spaniens, bläst der Wind
durch die Meerenge, sodass Baden
oft kein Spaß ist. Die Surfer finden
das gut – Tarifa ist High Wind Area.

■ SEHENSWERTES

CASTILLO DE GUZMÁN EL BUENO

Gut erhaltene maurische Festung
(10. Jh.). 1292 eroberten die Christen
die Stadt, doch die Araber gaben sich
nicht geschlagen. Während einer Be-
lagerung nahmen sie den Sohn des
Statthalters Alfonso Pérez de Guzmán
gefangen. Statt Tarifa im Austausch
gegen seinen Sohn den Mauren zu
übergeben, warf Guzmán ihnen vom
Turm sein Schwert hinab, um den
Jungen zu töten. Das brachte ihm den
Ehrennamen *el Bueno* ein, der Gute.
Wegen Restaurierung zzt. geschl.

PLAZUELA DEL VIENTO ☀

Vom „Windplätzchen", das seinem
Namen Ehre macht, haben Sie einen
guten Blick übers Meer bis zum rund
20 km entfernten Afrika.

■ ESSEN & TRINKEN

MORILLA

Das Barrestaurant an der Plaza
Oviedo ist das Wohnzimmer der

Tarifa, der südlichste Punkt Spaniens, ist ein Hot Spot der Surferszene

Stadt und immer gut besucht. Einfache, typische Küche. *Tgl.* | *C/Sancho IV el Bravo, 2* | *Tel. 956 68 17 57* | €

■ ÜBERNACHTEN ■

ALAMEDA
Einfaches Hotel am Castillo. *11 Zi.* | *Paseo Alameda, 4* | *Tel. 956 68 11 81* | *www.hostalalameda.com* | €–€€

DOS MARES 🔊
Das schönste Hotel am Surferstrand Los Lances, im andalusischen Stil, mit erstklassigem Restaurant. *48 Zi.* | *Ctra. N 340, km 79,5* | *Tel. 956 68 40 35* | *www.dosmareshotel.com* | €€–€€€

POSADA LA SACRISTÍA
Kleine Hotels mit ausgesuchtem Design sind in Tarifa gut nachgefragt. *La Sacristía* ist eines der schönsten. Individuelle Zimmer mit viel Atmosphäre, kleine Sonnenterrasse, Loungerestaurant; Massagen. *20 Zi.* | *San Donato, 8* | *Tel. 956 68 17 59* | *www.lasacristia.net* | €€€

■ FREIZEIT & SPORT ■

Wind- und Kitesurfen, Wellenreiten, Reiten, Mountainbiking, Klettern, Paragliding: alles möglich. Fragen Sie bei der Touristeninformation nach.

TOUREN NACH MAROKKO
Vom Hafen werden ein- oder zweitägige Ausflüge ins benachbarte Tanger in Marokko angeboten. *FRS* | *mehrmals tgl.* | *Tagestour 57 Euro* | *Tel. 956 68 18 30* | *www.frs.es*

WALBEOBACHTUNG
Whale Watch España (Reservierung Tel. 956 68 22 47 | *www.whalewatch*

tarifa.net) und *firmm (Tel. 956 62 70 08* | *www.firmm.org)* bieten von März bis Oktober Bootsausflüge zur Wal- und Delphinbeobachtung an *(deutschsprachig* | *30 Euro)*.

Auch die Römer haben ihre Spuren hinterlassen: Baelo Claudia bei Bolonia

■ AUSKUNFT ■

OFICINA DE TURISMO
Paseo de la Alameda, s/n | *Tel. 956 68 09 93* | *www.tarifaweb.com*

■ ZIELE IN DER UMGEBUNG ■

BOLONIA   [133 C6]

Weite Bucht mit feinem Sandstrand (dem schönsten weit und breit), ein paar *hostales* und *chiringuitos*, 23 km nordwestlich von Tarifa. Ein familiäres Hostal und Restaurant direkt am Strand ist *Los Jerezanos (25 Zi. | Okt.–Ostern geschl. | Lentiscal, 5 | Tel. 956 68 85 92 | €€).* Nebenan Reste der römischen Kleinstadt *Baelo Claudia* mit Rundweg *(Juni bis Sept. Di–Sa 10–20, Okt.–Mai Di bis Sa 10–19, So 10–14 Uhr | Eintritt für EU-Bürger frei);* am Eingang Prospekte in deutscher Sprache.

Insider Tipp **CASTELLAR DE LA FRONTERA** [133 D5]
Ein Traum: 70 Häuser drängen sich dicht an dicht innerhalb der Mauern der maurischen Festung (13./14. Jh.), die auf der Kuppe eines kleinen Berges erbaut wurde. Autos (von der Landstraße A 369 Schildern Richtung Castillo de Castellar folgen, 49 km nordöstlich von Tarifa) bleiben vor dem Burgtor. Nur fünf Minuten brauchen Sie, um zu Fuß die wenigen, mit Kletterpflanzen bewachsenen Gässchen der Siedlung zu durchstreifen und auch einen Blick vom ⬇ *Mirador* auf den Stausee zu werfen. 1971 verließen die damaligen Bewohner das Castillo und bauten sich ein neues Dorf in der Ebene. Aussteiger zogen in die leer stehenden Häuschen. Mitte der 1990er erkannte die Gemeinde (3000 Ew.) den touristischen Wert des Festungsdorfs, seitdem sind dort ein Restaurant und eine Reihe von Landunterkünften entstanden. Ein gemütliches Restaurant und Ihr eigenes Häuschen zum Übernachten finden Sie im *Castillo de Castellar (11 Häuser | Restaurant tgl. | C/Rosario, 3 | Tel. 956 23 66 20 | www.tugasa.com | €–€€).* Unten an der Landstraße bietet das *Molino del Conde* feine regionale Küche *(Juli/ Aug. tgl., nur abends, Sept.–Juni Mo geschl., So nur mittags | Ctra. A 369,*

km 82,5 | Tel. 956 23 60 63 | €€), nicht weit davon liegt das Hotel *La Almoraima (20 Zi. | Finca la Almoraima | Tel. 956 69 30 50 | www.la-almoraima.com | €€),* ein ehemaliges Kloster. *www.castellardelafrontera.es*

GIBRALTAR [133 D5–6]
Wer von Andalusien kommend die Grenze passiert, betritt eine andere Welt. Gibraltar (41 km nordöstlich von Tarifa | 29000 Ew.) ist very British, der Felsen gehört seit 1713 zu Großbritannien. 7 Mio. Besucher sollen es sein, die jedes Jahr kommen. Ihre Ziele: ein mächtiger Felsen, der von Affen bewohnt wird, und die Main Street mit Shops zum steuerfreien Einkaufen.

Lohnend ist ein Besuch im ⬇ *Naturreservat Upper Rock (Eintritt 8£)* mit der *St. Michael's Cave* (Tropfsteinhöhle), den *Great Siege Tunnels* (Verteidigungsanlage vom Ende des 18. Jhs.), dem *Ape's Den* (hier turnen die berühmten Berberaffen herum) und schöner Aussicht. Am besten fahren Sie mit dem Cable Car zum Reservat hinauf *(Mo–Sa 9.30–17.15 Uhr | Hin- und Rückfahrt 8£).* In Gibraltar werden auch Euro akzeptiert. Ebenfalls beliebt ist *Dolphin-Watching:* Mehrere Anbieter starten meist von der Marina Bay aus *(ca. 20£/Person).*

Wenn Ihnen der Sinn nicht nach Fish & Chips steht, essen Sie im eleganten *Bunters (nur abends, Sa geschl. | College Lane | Tel. 00350/ 704 82 | €€–€€€).* Auskunft: *Gibraltar Tourist Board | Cathedral Sq. | Tel. 00350/450 00 | www.gibraltar.gi*

Wenn Sie bis abends bleiben, können Sie ruhig mit dem Auto nach Gibraltar hineinfahren, die Wartezeit am Kontrollposten bei der Ausfahrt wird dann nicht allzu lang sein. Sonst parken Sie kurz vor der Grenze in *La Línea*. Bis zur Main Street sind es 15 Min. Fußweg. Oder Sie nehmen hinter dem Kontrollposten ein Taxi. Die Zollbestimmungen entsprechen denen eines Nicht-EU-Landes. Waren bis zu 300 Euro (bzw. 430 Euro für Flug- und Seereisende) oder 200 Zigaretten oder 1 Liter Spirituosen sind zollfrei.

DIE WEISSEN DÖRFER

⭐ **Unwirklich strahlende Tupfer hat Menschenhand allerorten in die grüne, braune, graue Landschaft Andalusiens gesetzt:** Dörfer in fast perfektem Weiß. Die gekalkten Häuser reflektieren die Sonne, damit sich die Wohnräume nicht zu Glutöfen aufheizen. Einer klugen Tourismusförderung ist es zu danken, dass die Weißen Dörfer zwischen Ronda und Arcos de la Frontera heute fast ein Markenname sind.

ARCOS DE LA FRONTERA   [132 C3]

Wer auf der Plaza del Cabildo im Herzen der Stadt (30 000 Ew.) angekommen ist, den zieht es als Erstes zum 🌿 *Mirador de la Peña Nueva*. Der Blick hinab in die Tiefe verschlägt einem die Sprache. Arcos liegt wie eine weiße Platte auf einem ockerfarbenen Felsmassiv, das im Südwesten 160 m senkrecht zum Río Guadalete abfällt. Dem Mirador gegenüber auf der anderen Seite des Platzes liegt die *Basilika Santa María* (15. Jh.) mit mächtigem 🌿 Glo-

ckenturm. Auf der linken Seite des Platzes steht das *Rathaus* (mit schöner Artesonado-Decke), dahinter die über 1000 Jahre alte maurische *Burg* und neben dem Rathaus die Touristeninformation: *Oficina Municipal de Turismo | Tel. 956 70 22 64 | www. arcosdelafrontera.es*. Auf der rech-

Berberaffe von Gibraltar

ten Seite liegt der 🛰 *Parador,* von dessen Balkonen man direkt in die Tiefe schaut *(24 Zi. | Tel. 956 70 05 00 | Fax 956 70 11 16 | €€€)*.

Neben dem Parador führt die von steinernen Bögen überspannte Calle de los Escribanos ins Gewirr der Altstadtgassen. Bald stoßen Sie auf das *Convento de Mercedarias Descalzas* (1642, barocker Altaraufsatz, *tgl. 8.30–14.30 und 17–19 Uhr | Plazuela de Botica, 2)*. Hier verkaufen die

Nonnen selbst gemachte kleine Kuchen über eine Durchreiche, die den Blickkontakt zur Außenwelt verhindern soll. Weiter die Gassen in südöstlicher Richtung entlang, kommen Sie zum ☀ *Mirador de Abades,* der eine schöne Aussicht in die Schlucht der Peña Nueva und über den Stausee von Arcos bietet. Weitere Sehenswürdigkeiten sind die Kirche *San Pedro* (15. Jh.), der *Stadtpalast* des Conde de Águila (14. Jh., Mudéjarstil), ein arabischer Garten und ein Malereimuseum.

Insider Tipp

Übernachten können Sie im *El Convento (13 Zi. | C/Maldonado, 2 | Tel. 956 70 23 33 | www.hotelconvento.es | €€),* das Teil des benachbarten *Convento de Mercedarias Descalzas* ist, oder günstig und familiär im *Hostal San Marco (4 Zi. | Marqués de Torresoto, s/n | Tel. 956 70 07 21 | €).* Preiswertes Essen bekommen Sie im *Círculo de la Unión (tgl., Juli/Aug. Di geschl. | C/Boticas, 6 | Tel. 956 70 01 52 | €),* einem einfachen Restaurant mit regionaler Kost. Hervorragende Küche bietet das Parador-Restaurant *El Corregidor (Tgl. | Plaza del Cabildo | Tel. 956 70 05 00 | €€€).*

Insider Tipp
BENADALID   [133 E3]
Noch immer thront die maurische Festung hoch über dem Tal, doch ihre Mauern beherbergen jetzt Tote: Ein Friedhof aus weißen Grabnischen ist darin eingerichtet. Benadalid (270 Ew.) ist ein verzauberter Fleck in der Serranía de Ronda. Oben an der Hauptstraße steht das einzige, einfache, aber ordentliche Hostal des Ortes: *Aguayar (5 Zi. | Ctra. A 369, km 25 | Tel. 952 15 27 68 | €).*

GRAZALEMA   [133 D3]
Dem spitz aufragenden Peñón Grande (Großer Fels) zu Füßen gelegen, ist dieses Städtchen (2300 Ew.) das geografische und touristische Zentrum des Naturparks Sierra de Grazalema. Auf der wuseligen Plaza de España findet das Touristenherz, was es begehrt: Läden (schöne handgearbeitete Decken!), Bars, Restaurants.

Mitten im heißen Andalusien ist dies der regenreichste Ort Spaniens. Davon profitiert die Igeltanne, die aussieht wie der ideale Weihnachtsbaum. Ein Indiz für die wachsende Popularität des Weißen Dorfes: Seit Anfang 2000 sind zwei Viersternehotels entstanden. Eines davon ist das charmante *Puerta de la Villa (28 Zi. | Plaza Pequeña, 8 | Tel. 956 13 23 76 | www.grazhotel.com | €€–€€€).* Ein schönes preiswertes Hotel ist das *Casa de las Piedras (30 Zi. | C/Las Piedras, 32 | Tel. 956 13 20 14 | www.casadelaspiedras.org | €). www.grazalema.es*

SETENIL DE LAS BODEGAS   [133 E3]
Das spektakuläre Dorf (3300 Ew.) ist in die Schlucht des Río Guadalporcún gezwängt, wo der Platz knapp ist. Die Not hat Schönheit geboren: Von vielen Häusern ist nur die Fassade zu sehen, der Rest ist in den Fels geschlagen. Auf der Nordseite liegen die *Cuevas del Sol* in der Mittagssonne, auf der Südseite die *Cuevas de la Sombra* in ständigem Schatten. An der höchsten Stelle des Ortes überragt der ☀ Turm des maurischen Kastells die Landschaft und erlaubt, wenn er nicht verschlossen ist, Blicke bis nach Olvera. Setenil hält sich zugute, die Tapas erfunden zu

haben, und bietet eine *Ruta del Tapeo* an. Zu empfehlen sind das *La Tasca* (Mo geschl. | C/Cuevas del Sol, 71 | €) und das *Palmero (Do geschl. | Plaza Andalucía, 4 | €€).* Am Ortseingang aus Richtung Ronda kommend liegt sehr schön das preiswerte Hotel  *El Almendral* mit Pool *(28 Zi. | Ctra. Setenil–Puerto del Monte, s/n | Tel. 956 13 40 29 | www.tugasa.*

schen  *Torre de Homenaje* (13. Jh.) gekrönt wird. Besonders abends, wenn Scheinwerfer Fels und Turm beleuchten, bietet sich ein atemberaubender Anblick. Das Stück ebener Straße in der Ortsmitte heißt C/San Juan. Hier finden Sie *Los Naranjos (tgl. | Tel. 956 12 33 14 | €),* Restaurant und Tapasbar. Teilweise in der alten Festungsanlage untergebracht

sider ipp

Wirklich wahr: Grazalema ist der regenreichste Ort Spaniens

com | €). Auskunft: *Oficina de Turismo | C/Villa, 2 | Tel. 956 13 42 61 | www.setenil.com*

ZAHARA DE LA SIERRA   [133 D3]
Zahara (1600 Ew.) scheint nur aus einer einzigen steilen Straße zu bestehen. Der Ort wurde ein Felsmassiv hinaufgebaut, das von der mauri-

ist das Hotel *Arco de la Villa (17 Zi. | Camino Nazarí, s/n | Tel. 956 12 32 30 | www.tugasa.com | €).*

Auskunft, auch über Wanderungen, Ausritte, Kanutouren: *Oficina de Información del Parque Natural | Plaza del Rey, 2 | Tel. 956 12 31 14. www.zaharadelasierra.es | www.zaharacatur.com*

> DREI GESICHTER EINER REGION

Mit dem Auto durch das grüne, das wüste und
das weiße Andalusien

Die Touren sind auf dem hinteren Umschlag und im Reiseatlas grün markiert

1 DAS GRÜNE ANDALUSIEN

Eine Rundfahrt von Sevilla zum Nationalpark Doñana und zur Sierra de
Aracena mit Stopp an den Kolumbus-Stät-
ten. Am besten planen Sie auf der 400 km
langen Strecke zwei Übernachtungen ein.

Auf der A 49 Richtung Huelva
fahren Sie aus Sevilla hinaus. Nehmen Sie die Ausfahrt bei km 48 und
folgen den Schildern „P.N. Doñana".

Der erste Halt ist in **El Rocío** *(S. 53)*, wo
sich ein Blick in die Wallfahrtskirche
lohnt. Hinter El Rocío beginnt der
Nationalpark Doñana *(S. 52)*. Kurz vor
Matalascañas biegen Sie in ein Sträß-
chen zum Besucherzentrum **El Acebu-
che** ab. Weiter auf der A 494 Richtung
Mazagón – wenn Sie Lust auf Meer
haben, halten Sie am Parkplatz **Cuesta
Maneli** und laufen durch die Dünen
zum Strand. Für die erste Nacht bietet sich der Parador von **Mazagón**

Bild: Das „weiße Dorf" Olvera

AUSFLÜGE & TOUREN

(S. 53) an. Hinter Mazagón nehmen Sie den Abzweig nach Palos de la Frontera und **La Rábida** *(S. 53)*, wo Sie auf Nachbauten der Kolumbus-Schiffe herumklettern können. Über Moguer und **Niebla** *(S. 50)* geht es auf der Nebenstrecke HV 5111 durch sanftes Bergland nach Valverde del Camino. Hier nehmen Sie die N 435 Richtung Norden. Die Strecke wird nun immer bergiger und kurvenreicher. 55 km hinter Valverde ist der Abzweig nach Aracena ausgeschildert. Entweder fahren Sie hier direkt nach **Aracena** *(S. 30)*, um sich ein Hotel zu suchen, oder Sie machen einen Umweg und schauen in einigen verträumten Dörfer der Gegend vorbei. Die schönsten sind **Almonaster la Real** *(S. 33)*, **Fuenteheridos** und **Alájar** *(S. 33)*. Kurz vor Alájar liegt die **Ermita Reina de los Angeles** (Schild „Peña de Arias Montano" folgen), ein Ausflugsziel mit Restaurant, Keramikläden und

Blick auf Alájar. Auf der Rückfahrt nach Sevilla lohnt ein Abstecher nach Zufre *(S. 34)* und Itálica *(S. 50)*.

2 DAS WÜSTE ANDALUSIEN

Weite Gegenden des andalusischen Ostens sind nichts als Stein und Sonne. Für die 250 km von Mojácar bis Cazorla sollten Sie sich zwei Tage Zeit nehmen, für die 100 km von Cazorla bis Jaén einen weiteren Tag.

Von Mojácar fahren Sie über Alfaix nach Sorbas *(S. 57)*. Weiter auf der A 340 geht's durch die einzige Wüste Europas, El Desierto de Tabernas. Kurz bevor Sie auf die A 92 in Richtung Granada stoßen, kommen Sie an den Westernstädten *(S. 59)* vorbei, wo Filmklassiker wie „Spiel mir das Lied vom Tod" gedreht wurden. Auf der A 92 nach Guadix *(S. 68)* hat man einen Panoramablick über die Sierra de los Filabres und die Sierra Nevada. Wie wäre es mit einer Nacht im Höhlenhotel *Cuevas Abuelo Ventura (Camino de Lugros, 20 | Tel. 958 66 40 50 | www.cuevasabueloventura.com | €€)*?

Von Guadix nehmen Sie die A 92N und fahren nach 25 km bei Baúl (Abfahrt 321) nach Bacor Olivar ab. Hier beginnt **das abenteuerlichste Stück der Strecke quer durch den Altiplano** der Provinz Granada *(www.altiplano.com)*. Sie fahren auf 1000 m Höhe über hartes Steppenland. Mit einem Mal taucht vor Ihnen der Embalse del Negratín auf, ein türkis schimmernder Stausee. Die Straße überquert die Talsperre, dahinter liegt das Restaurant *El Pantano del Negratín (Mo geschl. | Tel. 958 34 22 65 | €)* mit Blick aufs Wasser, der ideale Pausenstopp.

Insider Tipp

Die Landschaft verändert sich mit einem Schlag, wenn Sie die Provinzgrenze nach Jaén überqueren. Links und rechts nichts als Oliven. Nehmen Sie auf dem weiteren Weg von Pozo Alcón nach Quesada die Nebenstrecke, die sich durch Kiefernwälder zum Puerto de Tiscar hinaufwindet – das ist der Südzipfel der Sierra de Cazorla. Der Blick ☀ hinab vom Pass auf die Olivenhaine raubt den Atem. Es geht bergab nach Quesada und dahinter wieder rechts bergauf über eine Nebenstraße nach Cazorla *(S. 59)*. Von Cazorla setzen Sie Ihre Reise über Úbeda, Baeza *(S. 71)* und Jaén nach Granada oder Córdoba fort.

3 DAS WEISSE ANDALUSIEN

Eine 350 km lange Rundfahrt mit Start und Ziel Ronda von Weißem Dorf zu Weißem Dorf, meist über Nebenstraßen, für die Sie mindestens drei, besser fünf Tage Zeit einplanen sollten.

Sie nehmen in Ronda die A 369 in Richtung Algeciras und fahren über Benadalid und Gaucín nach Castellar de la Frontera *(S. 96)*. Folgen Sie der Beschilderung zum Castillo de Castellar. Nächste Station ist Alcalá de los Gazules auf der anderen Seite des Naturparks Los Alcornocales. Fahren Sie ein Stück auf der A7 in Richtung Algeciras und nehmen, bevor Sie die Hafenstadt erreichen, die neue A 381 in Richtung Jerez de la Frontera, eine Autobahn, die durch die Korkeichenwälder des Naturparks Los Alcornocales führt. Nach 40 km erreichen Sie Alcalá de los Gazules (5700 Ew.), eine weiße Kleinstadt mit maurischem Gepräge, wie hingeworfen auf

Perfekte Filmkulisse: Westernstadt in der Desierto de Tabernas

die Flanken eines Hügels. Weiter auf der A 381 Richtung Medina Sidonia. Die folgende Etappe führt Sie über die A 393 nach Arcos *(S. 97)*. ☀ Kurz vor dem Ziel bietet sich ein schöner Blick auf die Stadt über dem Abgrund. Von Arcos geht es nach Osten auf die Sierra de Grazalema zu. Eine Landstraße führt Sie Richtung El Bosque. Kurz vor El Bosque abbiegen Richtung Ubrique (A 373). Eine Weile fahren Sie nun an der Sierra entlang, bis Sie das Flüsschen Tavizna überqueren und auf einmal mittendrin sind in den Bergen. Kurz vor Ubrique biegen Sie links auf die kurvenreiche Landstraße (A 374) nach Grazalema ab. Nach wenigen Kilometern ist das nächste Ziel erreicht, das maurische Benaocaz (750 Ew.). Gute regionale Küche gibt es im *Restaurante Nazarí (Di geschl. | C/Lavadero, s/n | Tel. 956 12 55 98 | €).*

Hinter Grazalema *(S. 98)* führt eine abenteuerliche Höhenstraße (CA 531) zum ☀ Puerto de las Palomas (1357 m) hinauf, der Ihnen einen Schwindel erregenden Blick auf den Stausee von Zahara schenkt. In vielen Serpentinen geht es wieder hinab, vom Abgrund nur durch weiß getünchte Steinquader getrennt, bis Sie Zahara de la Sierra *(S. 99)* erreichen. Über die A 382 gelangen Sie nach Olvera (9100 Ew.): ein Hügel, von einer Haube weißer Häuser überzogen, aus der die klassizistische Kirche Nuestra Señora de la Encarnación (1505) und das maurische Castillo (12. Jh.) hervorragen. Vom ☀ Kirchplatz aus bietet sich ein erhebender Blick über die Sierra und die engen Gassen. Ein freundliches Hotel mit Restaurant ist das *Sierra y Cal (28 Zi. | tgl. | C/ Nuestra Señora de los Remedios, 2 | Tel. 956 13 03 03 | www.tugasa.com | €).* Auf der Weiterfahrt von Olvera nach Setenil finden Sie nach 2 km rechter Hand die bezaubernde *Ermita Nuestra Señora de los Remedios* (17./18. Jh.), eine bemalte Wallfahrtskapelle, an die ein Patio voller Grünpflanzen grenzt. Über Setenil *(S. 98)* kehren Sie nach Ronda zurück.

Insider Tipp

EIN TAG IN SEVILLA
Action pur und einmalige Erlebnisse.
Gehen Sie auf Tour mit unserem Szene-Scout

FRÜHSTÜCKSRITUAL

9:00

Das Frühstück in Sevilla ist ein Quickie! Im Stehen wird der *Café con leche* getrunken. Die letzten Reste des Sandwiches werden aufgegessen, wenn man schon am Hinausgehen ist. Wie die Sevillanos das eben auch tun. An der langen Theke der *Bar Europa* genießt man deshalb das Kaffeehausambiente nur kurze Zeit, denn Action und Fun warten schon. **WO?** Bar Europa | C/Siete Revueltas, 35 | Tel. 954 22 13 54 | www.bareuropa.info

10:00

FREIER FALL

Ab in die Lüfte heißt es 20 Autominuten außerhalb von Sevilla. Ein Tandemsprung sorgt für den Adrenalinschub am Morgen. Kurze Einführung, dann geht's hoch hinaus. Auf 4500 m Höhe wird noch einmal tief durchgeatmet und dann raus aus dem Flugzeug. Eine Minute freier Fall, das sind 60 unvergessliche Sekunden! Und auch in den fünf Minuten, in denen man mit geöffnetem Schirm zu Boden gleitet, wird sich der Adrenalinpegel nicht auf Normalmaß senken. **WO?**

Skydive Spain | Apartado de Correos No. 66 | Treffpunkt: La Juliana Aerodromo, Ctra. de Bollullos-aznalcazar, s/n | Tel. 687 72 63 03 | 225 Euro | www.skydivespain.com

KURZTRIP IN DEN ORIENT

11:30

Türkisfarbenes Wasser, mit bunter Seide bespannte Liegen, massierende Hände ... Wieder auf dem Boden, ist man dem Himmel plötzlich so nah. Im neuen Hamam in Sevilla ist das Nichtstun Pflicht. Schlafen, entspannen, massieren lassen. Pflichten können ja so angenehm sein. **WO?** C/Aire, 15 | Tel. 955 01 00 25 | Kosten: 31 Euro/ 15 Minuten | www.airedesevilla.com

12:30

PICKNICK IM PARK

Von wegen Action, jetzt bittet erst mal der Parque de María Luisa zum Lunch. Bei *Vinos Federico Flores* kauft man feinsten Schinken und andere iberische Delikatessen für das Picknick im Park. Vielleicht ist ja noch ein Plätzchen auf einer Bank direkt

am See frei? Dort heißt es dann Schuhe ausziehen, Beine ausstrecken und genießen. **WO?** C/Ferández de Rivera, 44 | Tel. 954 09 51 92 | www.federicoflores.es

24 h

JETZT WIRD'S NASS

14:30

Im *Aquopolis* geht's auf Rutschpartie. Auf Reifen sausen Wasserratten durch die Rutsche Río de Rápidos, Höchstgeschwindigkeiten werden auf der Super Toboganes erreicht und in der Black-Hole-Rutsche weiß man nicht wo oben und unten ist! **WO?** *Avda. Del Deporte, s/n* | *Tel. 954 40 66 22 | Kosten: 18,95 Euro | www.aquopolis.es*

17:30

OLÉ

Absätze knallen und Hüften schwingen – nirgendwo wird leidenschaftlicher Flamenco getanzt als in Sevilla. Im weltweit ersten Flamencomuseum erlernt man bei einer Schnuppertanzstunde innerhalb kürzester Zeit eine Choreografie und erlebt Flamencofeeling pur. **WO?** *Museo del Baile Flamenco* | *C/Manuel Rojas Marcos, 3 | Anmeldung unter Tel. 954 34 03 11 | Kosten: ab 60 Euro | www.museoflamenco.com*

TAPAS-TOUR

18:30

Hier ein Gazpacho im *Restaurante el Giraldillo*, dort ein paar Häppchen Käse und Schinken im *Casa Román*. Auf der Suche nach den köstlichsten Tapas geht's durch die engen Gassen des Barrio de Santa Cruz. Hier ist das Tapasparadies Sevillas. Absoluter Geheimtipp für das Tapas-Häppchen danach ist die *Bodega Santa Cruz – Las Columnas*. **WO?** *Restaurante el Giraldillo* | *Plaza Virgen de los Reyes, 2* | *Casa Román* | *Plaza de los Venerables, 1* | *Bodega Santa Cruz – Las Columnas* | *C/Rodrigo Caro, 1 | Alle: www.barriosantacruz.com*

23:30

CLUBBING

Der trendigste Club der Stadt wartet. Im *Catedral* tanzt das Partyvolk zu neuesten Musiktrends von Hip-Hop über Funk bis Techno. Dazu performen Gogos und Dragqueens. Achtung, Türsteher: Dress to impress! **WO?** *Cuesta del Rosario, 12 | Tel. 956 43 96 57| www.catedralclub.es*

> ## GUTER WIND UND SATTES GRÜN

Vor allem Golfer und Surfer kommen in Andalusien
auf ihre Kosten

> **Andalusier sind Sportmuffel. Es ist hier
einfach zu heiß, und außerdem entspricht
es nicht ihrer Vorstellung von Lebensqua-
lität, den eigenen Körper zur Erschöpfung
zu treiben. Sie wissen, dass ein entspann-
tes Gemüt mehr für ein langes Leben tut
als ein durchtrainierter Körper.**
Das Sportangebot in Andalusien ist
trotzdem denkbar groß und vielfältig,
den Touristen sei Dank. Die Natur
hat das Ihre dafür getan, jedem
Sportsfreund ein ideales Terrain zu
bieten: den Skifahrern das Hochge-
birge der Sierra Nevada, den Wind-
surfern die stürmische Küste bei Tarifa, den Wanderern die Naturparks
und den Reitern das ganze Land. Jedes Touristenbüro informiert Sie über
die Angebote.

GOLF

In keiner Region Europas finden sich
so viele Golfplätze auf so engem
Raum wie an der Costa del Sol. Auf

> *www.marcopolo.de/andalusien*

SPORT & AKTIVITÄTEN

der Schnellstraße entlang der Küste werden Autofahrer alle paar Kilometer mit großen Schildern daran erinnert: „Costa del Sol – Costa del Golf". Doch auch an anderen Küstenabschnitten und im Landesinneren buhlen immer mehr Gemeinden um die Golftouristen. Insgesamt 94 Golfplätze gibt es in Andalusien, darunter ist auch der berühmteste aller spanischen Golfplätze, der Club Valderrama in Sotogrande. Informationen

über Plätze und Zulassungsbedingungen: *Federación Andaluza de Golf | Tel. 952 22 55 90 | www.golf-andalucia.net | www.golfinspain.com*

DEHESA MONTENMEDIO

Der 18-Loch-Platz des Golf & Country Club bei Vejer de la Frontera gilt als einer der schönsten Europas. *Greenfee 90 Euro | Ctra. N340, km 42,5 | Tel. 956 43 80 00 | www. monteenmedio.com*

VALDERRAMA

Seit hier 1997 der Ryder-Cup ausgetragen wurde, kennt der Ruhm des Platzes keine Grenzen mehr. *Zugang für Gäste tgl. 12–14 Uhr | Greenfee 290 Euro | Anmeldung Monate im Voraus | Av. de Los Cortijos, 1 | Sotogrande (bei San Roque) | Tel. 956 79 12 00 | www.valderrama.com*

█ RAD FAHREN █████████

Trotz der extremen Hitze im Sommer und der vielen Berge: Rad fahren in Andalusien wird immer beliebter. Interessant sind die *vías verdes,* ehemalige Bahnstrecken, die zu Rad- und Wanderwegen ausgebaut wurden. Oft geht es über alte Brücken und durch Tunnels (zzt. 20 Routen, *www.viasverdes.com*). Touren organisiert u.a. *Almería Bike Tours (C/ Conde Villamonte, 36 | Almería | Tel. 950 31 73 00 | www.almeria-bike-tours.de).* Ein weiterer deutsch-spanischer Anbieter ist *Camaleón Sports* beim Hotel *Costa Conil (Av. de la Marina | Conil de la Frontera | Mobil-tel. 639 43 14 64 | www.bikesportcenter.com).* Komplette Radreisen bietet *Baetica (Tel./Dtschl.: 06131/412 65 | www.baetica.de).*

█ REITEN █████████

Unzählige Reiterhöfe *(picaderos)* bieten in Andalusien Ausritte jeder Art und Länge an. An der Küste entlang, über Kampfstierweiden oder versteckte Wege der Naturparks – nur für ein paar Stunden oder gleich mehrere Tage lang. Angebot für Reiterferien in Andalusien findet man u.a. bei *Pferd und Reiter (www.pferdreiter.de)* oder *www.reiterreisen.de.* Informativ sind auch die Seiten *www.reiten.de.*

AVENTURA ECUESTRE

Die Schweizer Tierärztin Christina Ward bietet Ausritte über den Strand von Tarifa oder durch den Naturpark Alcornocales auch Dünenritte und Tagesausflüge. *Hotel Dos Mares |*

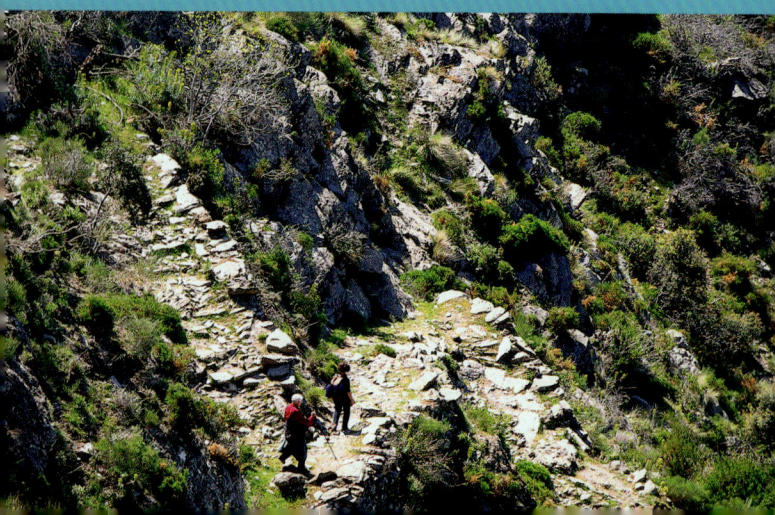
Vor allem in den Natur- und Nationalparks sind schöne Bergwanderstrecken ausgewiesen

N340, km 79,5 | Tarifa | Tel. 956 23 66 32 | www.aventuraecuestre.com

SKI

Die Sierra Nevada vor den Toren Granadas ist das südlichste Skigebiet Europas mit 103 Pisten von insgesamt 95 km Länge. An Winterwochenenden von Dezember bis April ist auf der per Auto gut erreichbaren Skistation *Pradollano* (2080 m) die kalte Hölle los. Skipass 40 Euro. *www.sierranevadaski.com*

TAUCHEN

An vielen Küstenorten können Sie in die Fluten des Mittelmeers und des Atlantiks eintauchen. Besonders eindrucksvoll ist die Unterwasserlandschaft im Meeresnaturpark zwischen Caboneras und Cabo de Gata. Erfahrene Taucher locken die Schiffswracks in der Meerenge von Gibraltar. Interessant ist auch das Revier bei Nerja. Anbieter z.B. *ISUB* im Naturpark Cabo de Gata *(C/Babor, 3 | San José | Tel. 950 38 00 04 | www.isubsanjose.com)* oder *Buceo Costa Nerja (Playa Burriana | Nerja | Tel. 952 52 86 10 | www.nerjadiving.com).* Weitere Infos beim Andalusischen Tauchverband *(Tel. 950 27 06 12 | www.fedas.es/federac/and.htm).*

Insider Tipp

WANDERN

Die *Centros de Interpretación* der Parks helfen mit Karten und Routenvorschlägen. Nicht immer aber sind die Wege gut genug markiert.

SIERRA DE ARACENA

Ausführliche Infos über Wanderungen und Waldspaziergänge erhalten Sie in Aracena im *Centro de Inter-*

pretación del Parque Natural. Mo geschl. | Plaza Alta | Tel. 959 12 88 25

SIERRA DE GRAZALEMA

Besucherzentrum im Dorf El Bosque *(Mo–Fr 10–14, Sa/So 9–14, April bis Sept. Mo–Sa auch 18–20, Okt.–März Sa auch 16–18 Uhr | Av. de la Diputación, 1 | Tel. 956 72 70 29).* In Grazalema bietet *Horizón (C/Corrales Terceros, 29 | Tel. 956 13 23 63 | www.horizonaventura.com)* geführte Wanderungen an.

SIERRA NEVADA

Über Wanderrouten durch den Nationalpark informiert das *Centro de Interpretación del Parque Nacional El Dornajo. Tgl. 9.30–14.30, 16.30 bis 19.30 Uhr | Ctra. de la Sierra Nevada, km 23 | Tel. 958 34 06 25.*

WIND- UND KITESURFEN

Andalusien besitzt eines der attraktivsten Windsurfgebiete Europas: die Strände von Tarifa am südlichsten Ende der Iberischen Halbinsel. Die Meerenge von Gibraltar wirkt wie ein Windkanal – zur Freude erfahrener Surfer. Die Surfschulen haben sich nordwestlich von ★ Tarifa entlang der N 340 und am Strand Richtung Punta Paloma niedergelassen, z.B. *Spin Out (Ctra. Cádiz, km 75,5 | Tel. 956 23 63 52); Dos Mares (Ctra. Cádiz, km 79,5 | Tel. 956 68 40 35).* Weitere Informationen unter *www.tarifa.de.* Wer leichtere Brisen vorzieht, fährt an die Mittelmeerküste. Hier bietet Roquetas de Mar an der Costa de Almería das breiteste Angebot für Windsurfer *(www.surfroquetas.com).* Wellenreiter treffen sich in El Palmar bei Conil.

> KINDER GEHÖREN DAZU

Die Andalusier sind kinderfreundlich –
die Kleinen sind immer dabei, auch bis spät abends

> **Andalusier mögen Kinder, vor allem fremde. Kinder sind eine Wonne, besonders die kleinen, die darf man herzen, ohne dass die Eltern sich aufregen.**

Als Urlauber mit Kindern werden sie in Andalusien auf keine besonderen Probleme stoßen. Kinder gehören zum Alltagsleben dazu – im Sommer häufig bis nach Mitternacht. Zu erleben gibt es genug. Die Kleinen werden mit denselben großen Augen die Wunder der Maurenzeit bestaunen wie Sie. Und schließlich ist in den stark entwickelten Tourismusgebieten in den vergangenen Jahren ein kaum überschaubares Freizeitangebot eigens für Familien mit Kindern jeden Alters entstanden.

■ DER WESTEN ■

AQUOPOLIS SEVILLA [127 E4]

Großes Spaßbad mit vielen Attraktionen. Die Buslinie 55 hält vor dem Haupteingang im Osten der Stadt.

MIT KINDERN REISEN

Anfang Juni–Anfang Sept. tgl. 12–19, Juli/Aug. bis 20 Uhr | www.aquopolis.es/sevilla | Eintritt 19, Kinder bis 1,40 m Größe 14 Euro

COTO DE DOÑANA [127 D5–6]
Freilebende Pferde, Wildschweine oder Rotwild, Wasservögel und spannende Landschaften sieht man bei der Allradtour durch den Nationalpark. *Mai–Mitte Sept. Mo–Sa 8.30 und 17, Mitte Sept.–April Di–So 8.30*

und 15 Uhr | Centro de Visitantes El Acebuche | Tel. 959 43 04 32 | www.donanavisitas.es | 26 Euro

MUSEO DEL MUNDO MARINO [127 D5]
Schiffsmodelle, das Skelett eines Walfischs und interaktive Tafeln erklären in diesem Museum im Parque Dunar die Welt des Meeres. *Di–Sa 10–14 und 15.30–18, So 10–14 Uhr | Matalascañas | www.parquedunar.com | Eintritt 5,50 Euro*

PARQUE MINERO DE RÍO TINTO [126 C3]

Am Río Tinto in der Provinz Huelva werden seit Jahrtausenden im Tagebau Metallerze abgebaut. Ein Museum in Minas de Ríotinto *(tgl. 10.30–15 und 16–19, Aug. bis 20 Uhr | Plaza Ernest Lluch)* erinnert an die Bergwerksgeschichte des Ortes, u. a. mit der Reproduktion einer römischen Mine. Von dort kann auch die spektakuläre *Corta Atalaya,* die größte offene Mine Europas, besichtigt werden *(Eintritt Museum mit Fahrt im Dieselzug 17, Kinder 14 Euro).* Ebenfalls im Programm: eine Fahrt mit der ältesten noch funktionstüchtigen Dampflok Spaniens *(Nov.–April jeden ersten So).* Reservieren unter Tel. 959 59 00 25 | *www. parquemineroderiotinto.com*

ISLA MÁGICA [127 E4]

Freizeitpark auf dem früheren Expo-Geländes in Sevilla, der die Zeit der Eroberungen aufleben lässt. *Häufig variierende Öffnungszeiten: 10.30* oder 11 bis 19, 21, 23 oder 24 Uhr | *www.islamagica.es* | Eintritt 28, Kinder (5–12 J.) 20 Euro

MUELLE DE LAS CARABELAS [126 B4]

In La Rábida an der Mündung des Río Tinto liegen die originalgetreuen Nachbauten der drei winzigen Schiffe, mit denen sich Kolumbus und seine Leute 1492 aufs Meer hinaustrauten. *Juni–Sept. Di–Fr 10–14 und 17–21, Okt.–Mai Di–So 10–19 Uhr | Eintritt 3,55 Euro | Familie mit Kindern 7,45 Euro*

RESERVA NATURAL EL CASTILLO DE LAS GUARDAS [127 D3]

Netter Safaripark, 58 km nordwestlich von Sevilla. Ein 10 km langer Rundweg führt durch ein Gehege mit 1000 Tieren, u.a. Giraffen, Nashörner, Elefanten. Rundfahrt im eigenen Wagen oder mit einer kleinen Bahn. *Tgl. 10.30–17.30 Uhr | Castillo de las Guardas | Eintritt 20, Kinder (bis 12 J.) 15 Euro*

Für jedes Alter gut sind die herrlichen Strände Andalusiens

MIT KINDERN REISEN

■ DER OSTEN ■

AQUARIUM ALMUÑÉCAR [135 E5]

Neues Meeresaquarium mit rund 200 Arten. Großes Ozeanium mit Panoramatunnel. *Mo–Fr 10–18.30 (im Sommer bis 21, bzw. 22), Sa/So 11–19.30 (im Sommer 10–21) Uhr | Plaza Kuwait | www.acuarioalmunecar.es | Eintritt 12, Kinder (bis 12 J.) 9 Euro*

AQUA TROPIC [135 E5]

Spaßbad am Strand von Almuñécar. *Mitte Juni–Sept. tgl. 11–19 Uhr | Paseo Marítimo bei der Playa de Velilla | www.aqua-tropic.com | Eintritt 13, Junior (9–12 J.) 10, Kinder (4–8 J.) 9 Euro, So je 1 Euro teurer*

PARQUE DE LAS CIENCIAS [135 E3]

Der unterhaltsame Wissenschaftspark ist Andalusiens meistbesuchtes Museum. Für 3- bis 7-Jährige eigener Saal. *Avda. del Mediterráneo, s/n | Granada | Di–Sa 10–19, So 10–15 Uhr | www.parqueciencias.com | Eintritt 5,50, Kinder 4,50 Euro | Planetarium 2,50, Kinder 2 Euro*

PARQUE ORNITOLÓGICO LORO SEXI [135 E5]

Sehr schön angelegter Vogelpark in Almuñécar mit fast 200 meist tropischen Arten. *Tgl. 11–14 und 17–19 (Mitte Sept.–Juni 16–18) Uhr | www.almunecar.info/medioambiente/loro sexi | Eintritt 4, Kinder 2 Euro*

■ DER SÜDEN ■

AQUALAND BAHÍA DE CÁDIZ [132 B4]

Großes Spaßbad. *Mitte Juni–Anfang Sept. tgl. 11–19 (Juni bis 18) Uhr | El Puerto de Santa María | Ctra. NIV, km 646 | Eintritt 19, Kinder (bis 12 J.) 14 Euro*

CROCODILES PARK [134 B6]

400 Krokodile, vom frisch geschlüpften bis zum 4-Meter-Exemplar. *Tgl. 10 Uhr bis zum frühen Abend | Torremolinos | C/Cuba, 14 | www.crocodile-park.com | Eintritt 11, Kinder (bis 12 J.) 8,50 Euro*

PARQUE ACUÁTICO MIJAS [134 B6]

Eines der besten Spaßbäder an der Costa del Sol, bei Fuengirola. *Mai tgl. 10.30–17.30, Juni und Sept. tgl. 10–18 Uhr, Juli/Aug. tgl. 10–19 Uhr | Ctra. N 340, km 209 | www.aquamijas.com | Eintritt 16, Kinder (4–12 J.) 11 Euro*

SEA LIFE BENALMÁDENA [134 B6]

Schöner Unterwasserzoo, vor allem für kleine Kinder geeignet, die viel Spaß an den Seepferdchen haben. *Tgl. 10–18 (Nov.–Mai), bis 20 (Juni, Sept./Okt.), bis 24 Uhr (Juli/Aug.) | Puerto Deportivo Benalmádena | www.sealife.es | Eintritt 12,50, Kinder (4–12 J.) 9 Euro*

SELWO AVENTURA [133 E4]

Toller Abenteuerpark bei Estepona, eine Mischung aus Zoo und Jahrmarkt. Kinder lieben ihn. *Feb.–Nov. tgl. 10–18, Mai/Juni bis 19, Juli/Aug. bis 20 Uhr | Autovía Costa del Sol, km 162,5 | www.selwo.es | Eintritt 24,50, Kinder (3–7 J.) 17 Euro*

SELWO MARINA [134 B6]

Wasserpark an der Costa del Sol. Größte Attraktion: die Delphinshow. *Feb.–Nov. tgl. 10–18 (Juni und Sept. bis 21, Juli/Aug. bis 24) Uhr | Parque de la Paloma | Benalmádena | www.selwomarina.com | Eintritt 16,50, Kinder (3–7 J.) 12,20 Euro*

> VON ANREISE BIS ZOLL

Urlaub von Anfang bis Ende: die wichtigsten Adressen und Informationen für Ihre Andalusien-Reise

 ANREISE

FLUGZEUG

Lufthansa *(www.lufthansa.de)* fliegt täglich von Frankfurt am Main, Swiss *(www.swiss.com)* von Zürich und Genf nach Málaga. Iberia *(www.iberia.com)*, Tuifly *(www.tuifly.com)* und Condor *(www.condor.com)* starten Richtung Jerez und Málaga. Ryanair *(www.ryanair.com)* fliegt von Frankfurt-Hahn nach Jerez, Málaga und Granada sowie von Bremen nach Málaga, German Wings *(www.germanwings.com)* von Stuttgart nach Málaga, Helvetic *(www.helvetic.com)* von Zürich nach Jerez. Von Frankfurt nach Málaga bzw. Sevilla sind Sie ca 3 Stunden unterwegs. Air Berlin *(www.airberlin.com)* fliegt regelmäßig von fast allen deutschen Flughäfen, Niki *(www.flyniki.com)* von Wien und Salzburg über Palma de Mallorca nach Almería, Jerez, Málaga und Sevilla. Eine Alternative: Mit der chilenischen Fluggesellschaft LAN *(www.lan.com)* fliegen Sie täglich recht günstig von Frankfurt nach Madrid. Dort nehmen Sie den AVE (Schnellzug), der Sie in 2½ Std. nach Sevilla oder Córdoba bringt. Hin- und Rückfahrt kosten ca. 130 Euro.

AUTO

Andalusien ist weit: Von Freiburg nach Málaga sind es mit dem Auto

PRAKTISCHE HINWEISE

gut 2000 km, von Aachen nach Málaga knapp 2300 km. Entweder fahren Sie nördlich über Paris, Bordeaux, das Baskenland und Madrid, oder nehmen Sie die Südroute über Lyon, Montpellier und Barcelona. Die Autobahngebühren summieren sich in beiden Fällen je Strecke auf 75–85 Euro. Etwas bequemer haben Sie es mit dem Autoreisezug bis nach Narbonne kurz vor der spanisch-französischen Grenze. Frühzeitig reservieren! Information und Buchung: *www.db-autozug.de*

BAHN & BUS

Per Bahn sind Sie etwas länger als einen Tag unterwegs und zahlen hin und zurück im Normaltarif ca. 600 Euro. Mit dem Bus brauchen Sie von Frankfurt nach Málaga anderthalb Tage (Hin- und Rückfahrt 265 Euro). Informationen bei Deutsche Touring, Frankfurt *(Tel. 069/7903501 | www. touring.de)*.

AUSKUNFT

Zentrale Rufnummer für Broschüren und Infomaterial: 06123/991 34.

Spanisches Fremdenverkehrsamt | 10707 Berlin | Kurfürstendamm 63 | Tel. 030/882 65 43 | Fax 882 66 61 | berlin@tourspain.es
– 40237 Düsseldorf | Grafenberger Allee 100 | Tel. 0211/680 39 81 | Fax 680 39 85
– 60323 Frankfurt | Myliusstr. 14 | Tel. 069/72 50 38 | Fax 72 53 13

– 80336 München | Schubertstr. 10 | Tel. 089/530 74 60 | Fax 53 07 46 20
– 1010 Wien | Walfischgasse 8–14 | Tel. 01/512 95 80 | Fax 512 95 81
– 8008 Zürich | Seefeldstr. 19 | Tel. 044/253 60 50 | Fax 252 62 04
– 1827 Genf | Rue Ami-Levrier, 15-2° | Tel. 022/731 11 33 | Fax 731 13 66

WAS KOSTET WIE VIEL?

TAXI	**1 EURO**	pro Kilometer
KAFFEE	**1,20 EURO**	für einen café solo
GAZPACHO	**5 EURO**	für einen Teller Gazpacho
WEIN	**2,50 EURO**	für ein Glas Wein
BENZIN	**1,30 EURO**	für einen Liter Super
LIEGESTUHL	**8 EURO**	Miete pro Tag

AUTO

Das andalusische Straßennetz ist großzügig ausgebaut. Die Provinzhauptstädte sind durch Autobahnen verbunden; bestehende Lücken werden Stück für Stück geschlossen. Nur wenige Autobahnen in Andalusien sind gebührenpflichtig, zu erkennen am Kürzel AP *(autopista de peaje)*.

Auch die Nationalstraßen (mit N bzw. A nummeriert) sind fast immer in gutem Zustand. Das A vor den Nummern der meisten Fernstraßen steht für Andalusien, nicht für Autobahn.

Die erlaubte Höchstgeschwindigkeit liegt innerorts bei 50, auf Landstraßen bei 90, auf Autobahnen bei 120 km/h. Grenze für Blutalkohol: 0,5 Promille. Es herrscht Gurtpflicht, telefonieren während der Fahrt ist nur über Freisprechanlage erlaubt, beim Tanken müssen Motor, Licht und elektrische Geräte ausgeschaltet werden. Jeder Autofahrer muss für den Fall einer Panne eine Warnweste dabeihaben. Pannenhilfe leistet der Automobilclub RACE, *Tel. 902 300505*. ADAC-Notruf in Spanien: *935082828*

CAMPING

Auskunft über die mehr als 100 andalusischen Campingplätze erhalten Sie direkt bei der *Federación Andaluza de Campings (Tel. 954 48 89 00 | Fax 954 48 89 11 | www.andalucia campings.com)* oder auf der Website *www.campingsonline.com.*

DIPLOMATISCHE VERTRETUNGEN

DEUTSCHE KONSULATE
www.madrid.diplo.de
– *04720 Aguadulce (Honorarkonsul) | Av. Carlos III, 401 | Tel. 950 340555*
– *11407 Jerez de la Frontera (Honorarkonsul) | Av. Duque de Abrantes, 44 | Tel. 956 30 69 17*
– *29006 Málaga | C/Mauricio Moro Pareto, 2 | Tel. 952 36 35 91*
– *41001 Sevilla | C/Fernández y Gonzáles, 2 | Tel. 954 23 02 04*

ÖSTERREICHISCHE KONSULATE
www.aussenministerium.at/madrid
– *29001 Málaga | Alameda de Colón, 26 | Tel. 952 60 02 67*
– *41003 Sevilla (Honorarkonsul) | C/ Cardenal Ilundaín, 18 | Tel. 954 98 74 76*

SCHWEIZER KONSULAT
– *29080 Málaga | Aptdo. Correos 7 | nur schriftlich oder über Mobiltel. 645 01 03 03*

EINREISE

Zur Einreise nach Spanien genügt ein gültiger Personalausweis bzw. Kinderausweis. Ausweiskontrollen müssen Sie an der Grenze zu Gibraltar erdulden und neuerdings wieder häufiger auf den Flughäfen.

GELD & PREISE

Andalusien ist immer noch ein wenig preiswerter als Deutschland. Geld können Sie überall mit der EC-/ Maestro-Karte ziehen. Kreditkarten werden in Hotels, Shops und gehobenen Restaurants akzeptiert, im Taxi und in Hostals/Pensionen nicht immer. Für bargeldloses Bezahlen mit der EC-/Maestro-Karte besser erst nachfragen. Visa, Master, Diner und American Express sind am flexibelsten *(Notfallnummer Kartensperre: 0049/11 61 16).* Banken und Sparkassen sind üblicherweise Mo–Fr 8–14.30 Uhr geöffnet.

GESUNDHEIT

Falls Sie dringend einen Arzt brauchen, erkundigen Sie sich nach dem nächsten Krankenhaus mit einer Notaufnahme *(urgencia).* Rechnen Sie dort mit einiger Warterei. Das spani-

sche Gesundheitssystem ist medizinisch auf der Höhe der Zeit, aber tendenziell überlastet.

Mit der Europäischen Krankenversicherungskarte (EHIC), die seit 2004 schrittweise eingeführt wurde, benötigt man kein Formular E111 mehr. Bei Vorlage der Karte werden Sie in den staatlichen Krankenhäusern und von den Ärzten des „Servicio Andaluz de Salud" (SAS) kostenlos behandelt. Wenn Sie sich in einer privaten Praxis oder einer Privatklinik behandeln lassen, zahlen Sie an Ort und Stelle und reichen die Rechnungen dann zu Hause ein. Der Abschluss einer Reisekrankenversicherung kann sinnvoll sein.

Straßencafé in Granada

INTERNET

Die besten Adressen: *www.spain. info:* Website des Spanischen Fremdenverkehrsamts (auch Dt.). *www. andalucia.com:* poppige Seite für Andalusientouristen (Eng./Span.). *www. altur.com:* schön gemachte Seite für Andalusientouristen (Eng./Span.). *www.andalucia.org:* offizielle Website der Regionalregierung (auch Dt.). Eine Reihe schöner Unterkünfte in historischen Gebäuden in ganz Spanien finden Sie unter *www.parador. es* und *www.estancias.com.* Die Provinz Cádiz führt eigene, günstige Landhotels unter *www.tugasa.com.* Kleine, meist luxuriöse Hotels mit ausgesuchtem Design finden sich bei *www.rusticae.es.*

INTERNETCAFÉS & WLAN

In vielen Hotels gibt es inzwischen WiFi-Areas oder Breitband-Verbindungen, im öffentlichen Raum dagegen gibt es freien WLAN-Zugang bis jetzt aber nur auf einigen wenigen Stadtplätzen in Cádiz und Jerez de la Frontera.

JUGENDHERBERGEN

Informationen über die 21 andalusischen Jugendherbergen erhalten Sie unter *Tel. 902 51 00 00* und *www.in turjoven.com*

KLIMA & REISEZEIT

Frühling und Herbst sind die angenehmsten Jahreszeiten für eine Andalusien-Reise. Im Hochsommer (Juli/Aug.) müssen Sie am Tag mit drückender Hitze rechnen, dafür sind die Nächte auf den Terrassen lau. Die spanischen Schulferien dauern Juli bis September, außerdem Weihnachten bis 6. Januar und Semana Santa. Kurzentschlossene haben es dann schwer, ein Bett zu bekommen. Im Winter wird es kühl, aber nicht kalt. Die großen Sehenswürdigkeiten sind dann weniger überlaufen.

■ MIETWAGEN

Der Tagespreis für das kleinste Modell beginnt je nach Saison bei ca. 25 Euro. Häufig zu finden an der andalusischen Küste sind *Nizacars (Tel. 952 23 61 84 | www.nizacars.es)* und *Prima Rent a Car (Tel. 952 31 09 75 | www.rentacarprima.com)*. Wer eine Rundreise plant, bucht am besten schon von Deutschland aus. Achten Sie auf eine hohe Deckungssumme, Freikilometer, Selbstbeteiligung und darauf, dass Ihr Fahrzeug eine Klimaanlage hat. Preisvergleiche unter *www.mietwagen.de* und *www.billiger-mietwagen.de*.

■ NOTRUF

Tel. 112 – Mit etwas Glück spricht der Mensch am anderen Ende der Leitung ein wenig Englisch. Er leitet Ihre Bitte an die Polizei, Feuerwehr oder entsprechende andere Notfalldienste weiter.

■ ÖFFENTLICHE VERKEHRSMITTEL

Das spanische Eisenbahnnetz ist nicht besonders eng. Die Schnellbahnverbindung (AVE) führt von Madrid über Córdoba nach Sevilla und von Madrid nach Málaga. Wenn Sie sich sonst in Andalusien per Bahn fortbewegen wollen, wappnen Sie sich mit Geduld.. Die staatliche Eisenbahngesellschaft heißt RENFE. Auskunft und Reservierung: *Tel. 902 24 02 02 | www.renfe.es oder Ibero Tours | Tel. 0211/864 15 20 | www.iberotours.de*

Die häufig verkehrenden Überlandbusse sind eine gute Alternative. Fragen Sie bei der Touristeninformation nach dem Busbahnhof *(estación de autobuses)* im Ort. Bus und Bahn sind vergleichsweise preiswert.

Die Luxusvariante ist der Nostalgiezug *Al-Andalus*, der auf dreitägige Reise von Sevilla nach Granada geht.

WETTER IN MÁLAGA

	Jan.	Feb.	März	April	Mai	Juni	Juli	Aug.	Sept.	Okt.	Nov.	Dez.
Tagestemperaturen in °C	16	17	18	21	23	27	29	29	27	23	19	17
Nachttemperaturen in °C	8	9	11	13	16	19	21	22	20	16	12	9
Sonnenschein Std./Tag	6	6	6	8	10	11	11	11	9	7	6	5
Niederschlag Tage/Monat	5	5	6	3	2	1	0	0	2	4	6	5
Wassertemperaturen in °C	15	14	14	15	17	18	21	22	21	19	17	16

PRAKTISCHE HINWEISE

Buchung in Deutschland bei *Ibero Tours (Tel. 0211/864 15 20 | www.ibe rotours.de)*, in Österreich bei *Siesta (Tel. 01/587 96 21 | www.siesta.at)*. Info: *www.alandalus-expreso.com*

ÖFFNUNGSZEITEN

Die Öffnungszeiten in diesem Band sind gewissenhaft recherchiert. Doch kaum etwas ändert sich so schnell wie die Tage und Uhrzeiten, zu denen die Sehenswürdigkeiten geöffnet sind. Die Tourismusbüros kennen die aktuellen Zeiten. Auch die Restaurants ändern gern ihre Öffnungszeiten. Rufen Sie vorher an, wenn Sie auf Nummer sicher gehen wollen.

POST

Die Postämter *(oficinas de correos | www.correos.es)* haben gewöhnlich *Mo–Fr 8.30–14.30 und Sa 9.30–13 Uhr* geöffnet. Briefmarken bekommen Sie auch in den Tabakläden *(estancos)*. Ein Standardbrief oder eine Postkarte ins europäische Ausland kostet zzt. 62 Cent.

STROM

In manchen einfachen Pensionen gibt es noch alte Steckdosen, in die nicht jeder Stecker passt; die Wirte haben dann meist einen Adapter. Um Ihr Modem in die Telefonbuchse einzustöpseln, benötigen Sie den international gebräuchlichen Westernstecker.

TABAKLÄDEN

In den staatlich konzessionierten Tabakläden, *estancos* (braunes T auf gelbem Grund), gibt es auch Briefmarken und Telefonkarten. Zigaretten sind hier ewtas günstiger als am Automaten.

TELEFON & HANDY

Vorwahlen aus Spanien: Deutschland 0049, Österreich 0043, Schweiz 0041. Danach lassen Sie die erste 0 der Ortsvorwahl weg. Auslandsauskunft 11825, Inlandsauskunft 11818.

Bei Anrufen nach Spanien wählen Sie 0034, dann die komplette Rufnummer. Innerhalb Spaniens wählen Sie auch bei Ortsgesprächen immer die 9-stellige Nummer. Die Telefonzellen der Telefongesellschaft *Telefónica* akzeptieren Münzen und Telefonkarten. Um den hohen Gebühren der Hotels zu entgehen, lohnt der Kauf einer Karte *(tarjeta prepagada)* im Tabakladen. Beim Roaming spart, wer das günstigste Netz wählt. Wer viel innerhalb des Landes telefoniert, sollte den Kauf einer spanischen Prepaid-Karte überlegen. Prepaid-Karten wie die von *GlobalSim (www.global sim.net)* oder *Globilo (www.globilo. de)* sind teuer, ersparen aber alle Roaming-Gebühren, und Sie bekommen schon zu Hause Ihre neue Nummer. Immer günstig sind SMS. Hohe Kosten verursacht die Mailbox: am besten noch im Heimatland abschalten!

TRINKGELD

Der Kellner bringt Ihnen das Wechselgeld auf einem Teller, darauf können Sie dann ein paar Münzen liegen lassen – üblich sind 10 Prozent. Im Taxi runden Sie auf. Einem Kofferträger im Hotel geben Sie 1–2 Euro.

ZOLL

Waren für den privaten Konsum sind innerhalb der EU zollfrei. Als persönlicher Bedarf gelten: 800 Zigaretten, 90 l Wein, 20 l Sherry, 10 l Spirituosen.

„Sprichst du Spanisch?" Dieser Sprachführer hilft Ihnen,
die wichtigsten Wörter und Sätze auf Spanisch zu sagen

Aussprache

c	vor „e" und „i" stimmloser Lispellaut stärker als engl. „th"
ch	stimmloses „tsch" wie in „tschüss"
g	vor „e, i" wie deutsches „ch" in „Bach"
gue, gui/que, qui	das „u" ist immer stumm, wie deutsches „g"/„k"
j	immer wie deutsches „ch" in „Bach"
ll, y	wie deutsches „j" zwischen Vokalen. Bsp.: Mallorca
ñ	wie „gn" in „Champagner"

■ AUF EINEN BLICK

Ja./Nein.	Sí./No.
Vielleicht.	Quizás./Tal vez.
In Ordnung./Einverstanden!	¡De acuerdo!/¡Está bien!
Bitte./Danke.	Por favor./Gracias.
Vielen Dank!	Muchas gracias.
Gern geschehen.	No hay de qué./De nada.
Entschuldigung!	¡Perdón!
Wie bitte?	¿Cómo dice/dices?
Ich verstehe Sie/dich nicht.	No le/la/te entiendo.
Ich spreche nur wenig …	Hablo sólo un poco de …
Können Sie mir bitte helfen?	¿Puede usted ayudarme, por favor?
Ich möchte …	Quiero …/Quisiera …/Me gustaría …
Das gefällt mir (nicht).	(No) me gusta.
Haben Sie …?	¿Tiene usted …?
Wie viel kostet es?	¿Cuánto cuesta?

■ KENNENLERNEN

Guten Morgen!	¡Buenos días!
Guten Tag!	¡Buenos días!/¡Buenas tardes!
Guten Abend!	¡Buenas tardes!/¡Buenas noches!
Hallo! Grüß dich!	¡Hola! ¿Qué tal?
Ich heiße …	Me llamo …
Wie ist Ihr Name, bitte?	¿Cómo se llama usted, por favor?
Wie geht es Ihnen/dir?	¿Cómo está usted?/¿Qué tal?
Danke. Und Ihnen/dir?	Bien, gracias. ¿Y usted/tú?
Auf Wiedersehen!	¡Adiós!
Tschüss!	¡Adiós!/¡Hasta luego!
Bis morgen!	¡Hasta mañana!

SPRACHFÜHRER SPANISCH

AUSKUNFT

links/rechts	a la izquierda/a la derecha
geradeaus	todo seguido/derecho
nah/weit	cerca/lejos
Wie weit ist das?	¿A qué distancia está?
an der Ampel	al semáforo
an der nächsten Ecke	en la primera esquina
Bitte, wo ist …	Perdón, ¿dónde está …
… der Busbahnhof?	… la estación de autobuses?
… die Haltestelle?	… la parada?
Fahrplan	horario
Eine Fahrkarte nach … bitte.	Un billete para …, por favor.
Ich möchte hier aussteigen.	Quiero bajar aquí.
Ich möchte … mieten.	Quisiera alquilar …
… ein Auto …	… un coche.
… ein Boot …	… un barco.

PANNE

Ich habe eine Panne.	Tengo una avería.
Würden Sie mir bitte einen Abschleppwagen schicken?	¿Puede usted enviarme un cochegrúa, por favor?
Gibt es hier in der Nähe eine Werkstatt?	¿Hay algún taller por aquí cerca?

TANKSTELLE

Wo ist bitte die nächste Tankstelle?	¿Dónde estála gasolinera más cercana, por favor?
Ich möchte … Liter …	Quisiera … litros de …
… Normalbenzin.	… gasolina normal.
… Super./… Diesel.	… súper./… diesel.
Voll tanken, bitte.	Lleno, por favor.

UNFALL

Hilfe!	¡Ayuda! / ¡Socorro!
Achtung!	¡Atención!
Rufen Sie bitte schnell …	Llame enseguida …
… einen Krankenwagen.	… una ambulancia.
… die Polizei.	… a la policía.
… die Feuerwehr.	… a los bomberos.

Haben Sie Verbandszeug? ¿Tiene usted botiquín de urgencia?
Es war meine Schuld. Ha sido por mi culpa.
Es war Ihre Schuld. Ha sido por su culpa.
Geben Sie mir bitte Ihren ¿Puede usted darme su
Namen und Ihre Anschrift. nombre y dirección?

■ ESSEN/UNTERHALTUNG

Wo gibt es hier … ¿Dónde hay por aquí cerca …
  … ein gutes Restaurant?   … un buen restaurante?
  … ein nicht zu teures   … un restaurante no demasiado
  Restaurant?   caro?
Reservieren Sie uns bitte ¿Puede reservarnos
für heute Abend einen para esta noche una
Tisch für vier Personen. mesa para cuatro personas?
Die Speisekarte, bitte. La carta, por favor.
Könnte ich bitte … haben? ¡Tráigame …, por favor!
  … ein Messer?   … un cuchillo?
  … eine Gabel?   … un tenedor?
  … einen Löffel?   … una cuchara?
Auf Ihr Wohl! ¡Salud!
Bezahlen, bitte. ¡La cuenta, por favor!

■ EINKAUFEN

Wo finde ich … Por favor, ¿dónde hay …
  … eine Apotheke?   … una farmacia?
  … eine Bäckerei?   … una panadería?
  … ein Fotogeschäft?   … una tienda de artículos
    fotográficos?
  … ein Einkaufszentrum?   … un centro comercial?
  … ein Lebensmittelgeschäft?   … una tienda de comestibles?
  … den Markt?   … el mercado?

■ ÜBERNACHTUNG

Können Sie mir bitte … Perdón, señor/señora/señorita.
empfehlen? ¿Podría usted recomendarme …
  … ein Hotel …   … un hotel?
  … eine Pension …   … una pensión?
Ich habe ein Zimmer reserviert. He reservado una habitación.
Haben Sie noch … ¿Tienen ustedes …?
  … ein Einzelzimmer?   … una habitación individual?
  … ein Zweibettzimmer?   … una habitación doble?
  … mit Dusche/Bad?   … con ducha/baño?
  … für eine Nacht?   … para una noche?
  … für eine Woche?   … para una semana?

> *www.marcopolo.de/andalusien*

SPRACHFÜHRER

… ein ruhiges Zimmer?	… una habitación tranquila?
Was kostet das Zimmer mit …	¿Cuánto cuesta la habitación con …
… Frühstück?	… desayuno?
… Halbpension?	… media pensión?

■ PRAKTISCHE INFORMATIONEN

ARZT

Können Sie mir einen guten Arzt empfehlen?	¿Puede usted indicarme un buen médico?
Ich habe hier Schmerzen.	Me duele aquí.
Ich habe …	Tengo …
… Kopfschmerzen.	… dolor de cabeza.
… Zahnschmerzen.	… dolor de muelas.
… Durchfall.	… diarrea.
… Fieber.	… fiebre.

POST

Was kostet …	¿Cuánto cuesta …
… ein Brief …	… una carta …
… eine Postkarte …	… una postal …
… nach Deutschland?	… para Alemania?
Eine Briefmarke, bitte.	Un sello, por favor.

■ ZAHLEN

0	cero	19	diecinueve
1	un, uno, una	20	veinte
2	dos	21	veintiuno, -a, veintiún
3	tres	22	veintidós
4	cuatro	30	treinta
5	cinco	40	cuarenta
6	seis	50	cincuenta
7	siete	60	sesenta
8	ocho	70	setenta
9	nueve	80	ochenta
10	diez	90	noventa
11	once	100	cien, ciento
12	doce	200	doscientos, -as
13	trece	1000	mil
14	catorce	2000	dos mil
15	quince	10000	diez mil
16	dieciséis		
17	diecisiete	1/2	medio
18	dieciocho	1/4	un cuarto

Puente Romano, Córdoba

> ## UNTERWEGS IN ANDALUSIEN

Die Seiteneinteilung für den Reiseatlas finden Sie auf
dem hinteren Umschlag dieses Reiseführers

REISE ATLAS

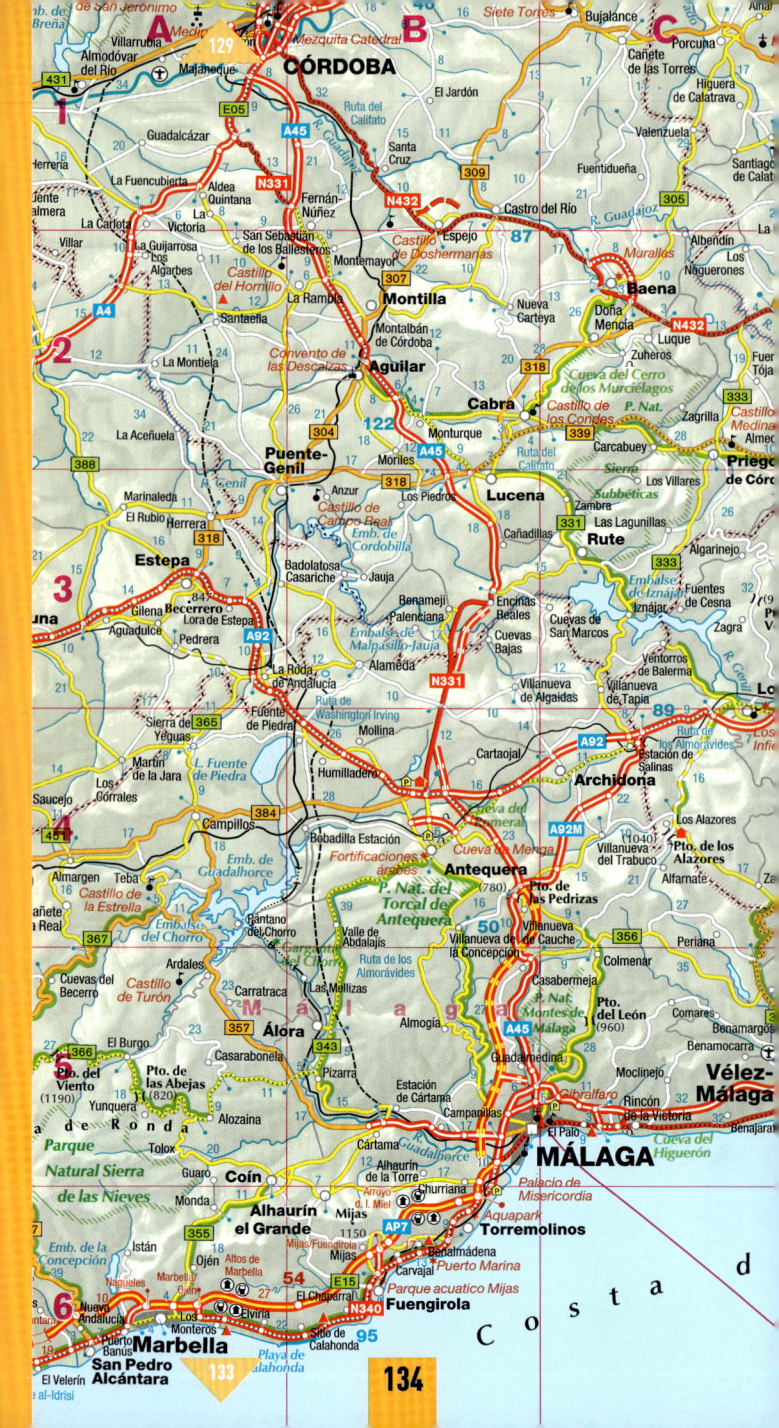

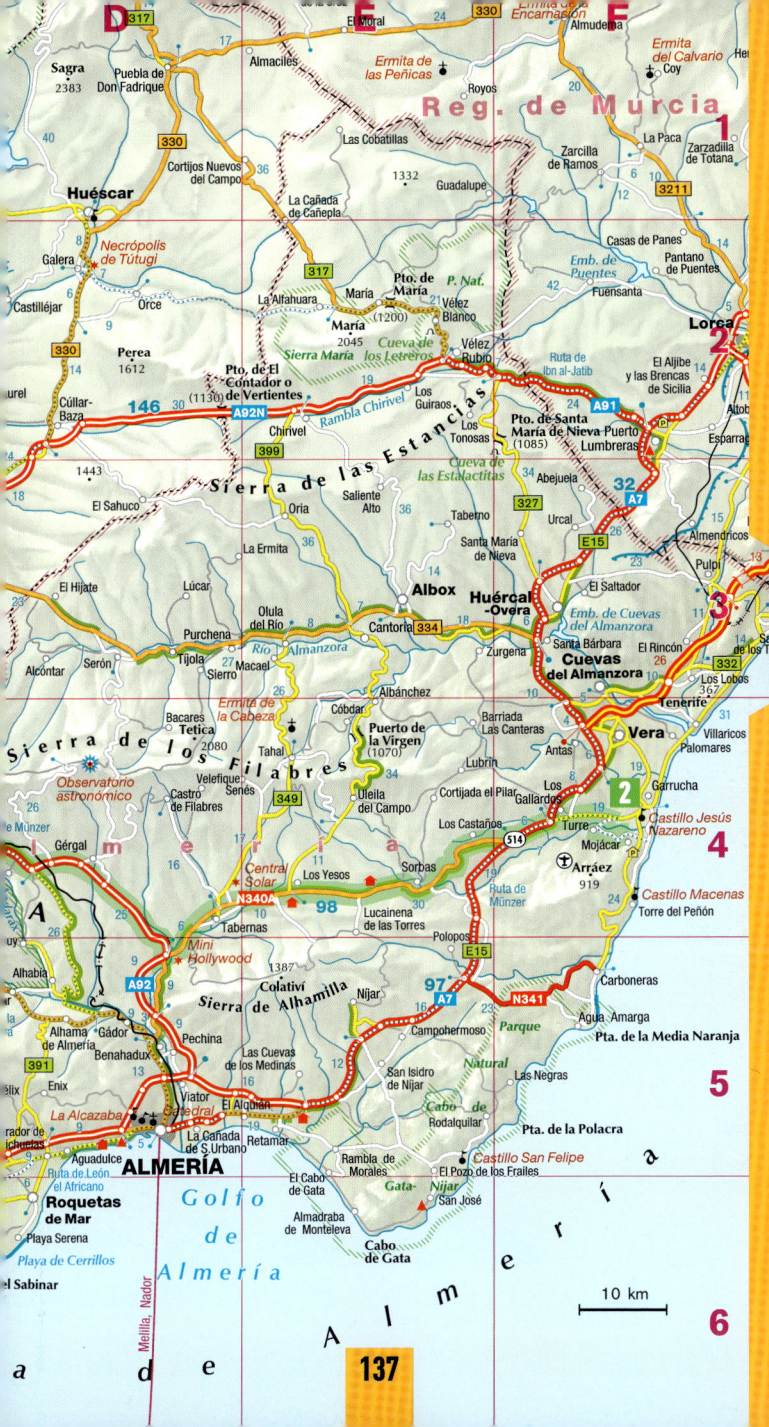

Autobahn mit Anschlussstellen
Motorway with junctions

Autobahn in Bau
Motorway under construction

Mautstelle
Toll station

Raststätte mit Übernachtung
Roadside restaurant and hotel

Raststätte
Roadside restaurant

Tankstelle
Filling-station

Autobahnähnliche Schnell-
straße mit Anschlussstelle
Dual carriage-way with
motorway characteristics
with junction

Fernverkehrsstraße
Trunk road

Durchgangsstraße
Thoroughfare

Wichtige Hauptstraße
Important main road

Hauptstraße
Main road

Nebenstraße
Secondary road

Eisenbahn
Railway

Autozug-Terminal
Car-loading terminal

Zahnradbahn
Mountain railway

Kabinenschwebebahn
Aerial cableway

Eisenbahnfähre
Railway ferry

Autofähre
Car ferry

Schifffahrtslinie
Shipping route

Landschaftlich besonders
schöne Strecke
Route with
beautiful scenery

Alleenstr.
Touristenstraße
Tourist route

XI-V
Wintersperre
Closure in winter

Straße für Kfz gesperrt
Road closed to motor traffic

8%
Bedeutende Steigungen
Important gradients

Für Wohnwagen nicht
empfehlenswert
Not recommended
for caravans

Für Wohnwagen gesperrt
Closed for caravans

* Wartenstein
* Umbalfälle
Sehenswert: Kultur - Natur
Of interest: culture - nature

Badestrand
Bathing beach

Besonders schöner Ausblick
Important panoramic view

Ausflüge & Touren
Excursions & tours

Nationalpark, Naturpark
National park, nature park

Sperrgebiet
Prohibited area

Kirche
Church

Kloster
Monastery

Schloss, Burg
Palace, castle

Moschee
Mosque

Ruinen
Ruins

Leuchtturm
Lighthouse

Turm
Tower

Höhle
Cave

Ausgrabungsstätte
Archaeological excavation

Jugendherberge
Youth hostel

Allein stehendes Hotel
Isolated hotel

Berghütte
Refuge

Campingplatz
Camping site

Flughafen
Airport

Regionalflughafen
Regional airport

Flugplatz
Airfield

Staatsgrenze
National boundary

Verwaltungsgrenze
Administrative boundary

Grenzkontrollstelle
Check-point

Grenzkontrollstelle mit
Beschränkung
Check-point with
restrictions

PARIS
Hauptstadt
Capital

MARSEILLE
Verwaltungssitz
Seat of the administration

FÜR IHRE NÄCHSTE REISE

gibt es folgende MARCO POLO Titel:

DEUTSCHLAND
Allgäu
Amrum/Föhr
Bayerischer Wald
Berlin
Bodensee
Chiemgau/Berchtes-
  gadener Land
Dresden/Sächsische
  Schweiz
Düsseldorf
Eifel
Erzgebirge/Vogtland
Franken
Frankfurt
Hamburg
Harz
Heidelberg
Köln
Lausitz/Spreewald/
  Zittauer Gebirge
Leipzig
Lüneburger Heide/
  Wendland
Mark Brandenburg
Mecklenburgische
  Seenplatte
Mosel
München
Nordseeküste
  Schleswig-
  Holstein
Oberbayern
Ostfriesische Inseln
Ostfriesland/
  Nordseeküste
  Niedersachsen/
  Helgoland
Ostseeküste
  Mecklenburg-
  Vorpommern
Ostseeküste
  Schleswig-
  Holstein
Pfalz
Potsdam
Rheingau/
  Wiesbaden
Rügen/Hiddensee/
  Stralsund
Ruhrgebiet
Schwäbische Alb
Schwarzwald
Stuttgart
Sylt
Thüringen
Usedom
Weimar

ÖSTERREICH | SCHWEIZ
Berner Oberland/
  Bern
Kärnten
Österreich
Salzburger Land
Schweiz
Tessin
Tirol
Wien
Zürich

FRANKREICH
Bretagne
Burgund
Côte d'Azur/Monaco
Elsass
Frankreich
Französische
  Atlantikküste
Korsika
Languedoc-Roussillon
Loire-Tal
Nizza/Antibes/Cannes/
  Monaco
Normandie
Paris
Provence

ITALIEN | MALTA
Apulien
Capri
Dolomiten
Elba/Toskanischer
  Archipel
Emilia-Romagna
Florenz
Gardasee
Golf von Neapel
Ischia
Italien
Italienische Adria
Italien Nord
Italien Süd
Kalabrien
Ligurien/
  Cinque Terre
Mailand/Lombardei
Malta/Gozo
Oberital. Seen
Piemont/Turin
Rom
Sardinien
Sizilien/
  Liparische Inseln
Südtirol
Toskana
Umbrien
Venedig
Venetien/Friaul

SPANIEN | PORTUGAL
Algarve
Andalusien
Barcelona
Baskenland/Bilbao
Costa Blanca
Costa Brava
Costa del Sol/Granada
Fuerteventura
Gran Canaria
Ibiza/Formentera
Jakobsweg/Spanien
La Gomera/El Hierro
Lanzarote
La Palma
Lissabon
Madeira
Madrid
Mallorca
Menorca
Portugal
Sevilla
Spanien
Teneriffa

NORDEUROPA
Bornholm
Dänemark
Finnland
Island
Kopenhagen
Norwegen
Schweden
Stockholm
Südschweden

WESTEUROPA | BENELUX
Amsterdam
Brüssel
Dublin
England
Flandern
Irland
Kanalinseln
London
Luxemburg
Niederlande
Niederländische
  Küste
Schottland
Südengland

OSTEUROPA
Baltikum
Budapest
Estland
Kaliningrader Gebiet
Lettland
Litauen/Kurische
  Nehrung
Masurische Seen
Moskau
Plattensee
Polen
Polnische Ostsee-
  küste/Danzig
Prag
Riesengebirge
Russland
Slowakei
St. Petersburg
Tallinn
Tschechien
Ungarn
Warschau

SÜDOSTEUROPA
Bulgarien
Bulgarische
  Schwarzmeerküste
Kroatische Küste/
  Dalmatien
Kroatische Küste/
  Istrien/Kvarner
Montenegro
Rumänien
Slowenien

GRIECHENLAND | TÜRKEI | ZYPERN
Athen
Chalkidiki
Griechenland
  Festland
Griechische
  Inseln/Ägäis
Istanbul
Korfu
Kos
Kreta
Peloponnes
Rhodos
Samos
Santorin
Türkei
Türkische Südküste
Türkische Westküste
Zakinthos
Zypern

NORDAMERIKA
Alaska
Chicago und
  die Großen Seen
Florida
Hawaii
Kalifornien
Kanada
Kanada Ost
Kanada West
Las Vegas
Los Angeles
New York
San Francisco
USA
USA Neuengland/
  Long Island
USA Ost
USA Südstaaten/
  New Orleans
USA Südwest
USA West
Washington D.C.

MITTEL- UND SÜDAMERIKA
Argentinien
Brasilien
Chile
Costa Rica
Dominikanische
  Republik
Jamaika
Karibik/
  Große Antillen
Karibik/
  Kleine Antillen
Kuba
Mexiko
Peru/Bolivien
Venezuela
Yucatán

AFRIKA | VORDERER ORIENT
Ägypten
Djerba/
  Südtunesien
Dubai/Vereinigte
  Arabische Emirate
Israel
Jerusalem
Jordanien
Kapstadt/
  Wine Lands/
  Garden Route
Kapverdische Inseln
Kenia
Marokko
Namibia
Qatar/Bahrain/Kuwait
Rotes Meer/Sinai
Südafrika
Tunesien

ASIEN
Bali/Lombok
Bangkok
China
Hongkong/Macau
Indien
Indien/Der Süden
Japan
Ko Samui/
  Ko Phangan
Malaysia
Nepal
Peking
Philippinen
Phuket
Rajasthan
Shanghai
Singapur
Sri Lanka
Thailand
Tokio
Vietnam

INDISCHER OZEAN | PAZIFIK
Australien
Malediven
Mauritius
Neuseeland
Seychellen
Südsee

REGISTER

In diesem Register sind alle erwähnten Orte und Ausflugsziele, viele Sehenswürdigkeiten, wichtige Namen und etliche zusätzliche Stichworte verzeichnet.
Halbfette Seitenzahlen verweisen auf den Haupteintrag, kursive auf ein Foto.

> *www.marcopolo.de/andalusien*

SCHREIBEN SIE UNS!

Liebe Leserin, lieber Leser,

wir setzen alles daran, Ihnen möglichst aktuelle Informationen mit auf die Reise zu geben. Dennoch schleichen sich manchmal Fehler ein – trotz gründlicher Recherche unserer Autoren/innen. Sie haben sicherlich Verständnis, dass der Verlag dafür keine Haftung übernehmen kann.

Wir freuen uns aber, wenn Sie uns schreiben.

Senden Sie Ihre Post an die MARCO POLO Redaktion, MAIRDUMONT, Postfach 31 51, 73751 Ostfildern, info@marcopolo.de

IMPRESSUM

Titelbild: Madrid, Flamencotänzer (Getty images / Photographer´s Choice RR: Adams)
Fotos: Carmen Martinez Banús (105 M. l.); Bossaball (13 u.); Elena Elisseeva (104 o. l.); José Luis Flores (12 o.); ©fotolia.com: Adam Radosavljevic (14 M.); R. Gerth (35, 56, 58/59, 60, 64/65, 67, 95, 103, 124/125); Getty images / Photographer´s Choice RR: Adams (1); HB Verlag: Gonzales (3 r., 4 l., 5, 22/23, 71); Hotstick Kite School Tarifa (14 o.); Huber: Müller (2 l.); ©iStockphoto.com: AliJa (14 u.), Tammy Bryngelson (105 o. l.); G. Jung (86); M. Kirchgessner (20, 30/31, 40/41, 108); Laif: Tophoven (Klappe l., 4 r., 77), Zinn (Klappe r., 39); LifeJourneys (104 M. l.); Sean Locke (105 u. r.); Gillet Luc (15 u.); K. Maeritz (37, 74, 80, 94, 106/107, 110/111); Pete Masson (104 M. r.), Mauritius: Troisfontaines (79); Museo del Baile Flamenco (105 M. r.); Nerja Donkey Sanctuary (13 o.); Angel Perdomo (15 o.); Purobeach Marbella (12 u.); D. Renckhoff (Klappe M., 2 r., 18, 27, 28/29, 43, 51, 69, 78, 117); L. Schmidt (142); O. Stadler (3 l., 8/9, 54/55, 72/73, 92/93, 100/101); Joris van Caspel (104 u. r.); White Star: Gumm (6/7, 11, 16/17, 19, 22, 24/25, 26, 29, 32, 34, 44, 46, 49, 52/53, 63, 70, 82, 88, 112); T. P. Widmann (3 M., 23, 28, 89, 91, 97, 99); R. Zoutberg (84)

7. (16.), aktualisierte Auflage 2009
© MAIRDUMONT GmbH & Co. KG, Ostfildern
Chefredaktion: Michaela Lienemann, Marion Zorn
Autoren: Martin Dahms, Lothar Schmidt; Redaktion: Jochen Schürmann
Programmbetreuung: Silwen Randebrock; Bildredaktion: Gabriele Forst
Szene/24h: wunder media, München
Kartografie Reiseatlas: © MAIRDUMONT
Innengestaltung: Zum goldenen Hirschen, Hamburg; Titel/S. 1–3: Factor Product, München
Sprachführer: in Zusammenarbeit mit Ernst Klett Sprachen GmbH, Stuttgart, Redaktion PONS Wörterbücher
Printed in Germany. Gedruckt auf 100% chlorfrei gebleichtem Papier

> UNSER INSIDER
MARCO POLO Korrespondent Lothar Schmidt im Interview

Lothar Schmidt lebt in Düsseldorf. Der Autor und Journalist schreibt über Reise- und Kulturthemen und hat sechs Jahre in Spanien gelebt.

Sie sind 2002 nach Madrid gezogen. Wie ist es dazu gekommen?

Das verdanke ich meiner Frau. Sie bekam im Juli 2002 das Angebot, in Spanien zu arbeiten. Wir mussten nicht lange überlegen. Einen Monat später waren wir mit unseren Sachen in Madrid.

Was reizt Sie an Spanien bzw. an Andalusien?

Ich denke, Spanien hat für uns Deutsche eine gute Mischung aus Exotik und Normalität. Man kann ganz normal leben, und trotzdem ist man in einer anderen Welt. Spanien ist ein Mini-Kontinent mit sehr unterschiedlichen Landschaften und regionalen Kulturen. Und Andalusien ist so etwas wie die Essenz davon.

Sprechen Sie Spanisch? Wie und wo haben Sie die Sprache gelernt?

Das übliche Programm: Kurse, Austauschprogramme, Fernsehen, Zeitung lesen und in die Kneipe gehen. Inzwischen geht es. Was ich sympathisch finde: Auch wenn man nur ein paar Worte Spanisch kann, wird man gelobt.

Was genau machen Sie beruflich?

Ich schreibe für deutschsprachige Zeitungen und Magazine – meistens über Reise- oder Kulturthemen, manchmal auch Gourmet- und Lifestyle-Geschichten.

Kommen Sie viel in Andalusien herum?

Seit ich wieder in Deutschland bin, war ich mehrfach in Andalusien. Ich hoffe, das wird auch in Zukunft so bleiben. Zentralspanien und Andalusien sind für mich die spannendsten Gegenden dieses großartigen Landes. Manchmal bin ich im Tour-de-Force-Ritt quer durch die autonome Region unterwegs. Dann wieder gibt es Themen, wo man einige Zeit in einer Stadt oder Region bleiben muss.

Was prädestiniert Sie als MARCO POLO Autor?

Vielleicht das Gefühl, dass das, was mir gefällt, auch anderen gefallen könnte. Dass ich mir erst eine Meinung bilde, wenn ich es auch selbst gesehen habe, und vor allem, dass ich dieses Land mag und gerne unterwegs bin.

Mögen Sie die andalusische Küche?

Ja. Ich liebe zum Beispiel frittierte Aubergine in Honig oder gegrillte Langostinos, am besten mit einem Gläschen Manzanilla dazu. Auch Lamm ist hier oft sehr gut.

10 € GUTSCHEIN
für Ihr persönliches Fotobuch*!

Gilt aus rechtlichen Gründen nur bei Kauf des Reiseführers in Deutschland und der Schweiz

SO GEHT'S: Einfach auf www.marcopolo.de/fotoservice/gutschein gehen, Wunsch-Fotobuch mit den eigenen Bildern gestalten, Bestellung abschicken und dabei Ihren Gutschein mit persönlichem Code einlösen.

Ihr persönlicher Gutschein-Code: mpzkncjykq

Erlebe Deine Bilder!

Zum Beispiel das MARCO POLO FUN A5 Fotobuch für 7,49 €.

www.marcopolo.de/fotoservice/gutschein

> BLOSS NICHT!

Strapazieren Sie die Toleranz der Andalusier möglichst wenig

Deutsch reden

Die Welt gehört den Touristen. Also reden sie, wie ihnen der Schnabel gewachsen ist. Wie wär's mit einer höflichen Frage: Sprechen Sie Deutsch? Oder besser: *¿Habla alemán?* Wenn Ihr Gegenüber bejaht, dürfen Sie loslegen.

Eile an den Tag legen

Finden Sie, dass der Mann hinterm Postschalter oder die Frau von der Autovermietung ihre Arbeit wieder viel zu gemächlich angehen? Wenn Sie jetzt anfangen, sich zu ärgern, wird das die Dinge auch nicht beschleunigen. Außerdem: Sie sind doch im Urlaub, wollen sich entspannen und erholen.

Falsche Schlüsse ziehen

Küsschen links, Küsschen rechts und dazu ein strahlendes Lächeln – nehmen Sie's nicht persönlich. Die herzliche Begrüßung gehört zum guten Ton und verrät wenig über die wahren Gefühle. Männer reichen sich untereinander die Hand.

An fremden Tischen Platz nehmen

Die Bar ist knallvoll – aber da hinten am Tisch sitzt nur ein einzelner Spanier. Widerstehen Sie der Versuchung: Kein Andalusier würde sich zu Fremden an den Tisch setzen.

Mitklatschen

Beim Flamenco mitzuklatschen ist ungefähr so angebracht wie in der Oper mitzusingen. Die *palmas* sind Teil der Musik – und nur wer kann, der darf auch. Die *tablaos* für Touristen machen da eine unglückliche Ausnahme.

Weiße Socken tragen

Jedenfalls nicht in Sandalen. Jedes Land pflegt seine Klischees über die anderen. Und Spanier wissen: *Guiris* (Nordeuropäer) tragen weiße Socken in Sandalen.

Beklauen lassen

Andalusien ist nicht gefährlicher als andere Gegenden Europas, doch auch hier warten Gauner auf günstige Gelegenheiten. Behalten Sie Ihre Wertsachen im Auge, und stecken Sie Ihre Papiere lieber in einen Bauchgurt als in die Handtasche. Falls doch etwas passiert: Erstatten Sie unbedingt Anzeige bei der nächsten Polizeistation, sonst zahlt nämlich keine Versicherung.

Einzeln abrechnen

Überfordern Sie den Kellner nicht, indem Sie getrennte Rechnungen verlangen. In Spanien ist es üblich, dass einer die Rechnung übernimmt. Beim nächsten Mal zahlt dann ein anderer – so gleicht es sich letzten Endes wieder aus.